주어진 앞으로의 시간들을
소중하고 아름답게 만들어가고 싶습니다.

마음 하나

나희자 수필집

국립중앙도서관 출판시도서목록(CIP)

마음 하나 : 나희자 세 번째 수필집 / 지은이: 나희자. --
서울 : 문학공원, 2013
p. ; cm

ISBN 978-89-6577-075-6 03810 : ₩10000

한국 현대 수필[韓國現代隨筆]

814.7-KDC5
895.745-DDC21 CIP2013022798

주어진 앞으로의 시간들을
소중하고 아름답게 만들어가고 싶습니다.

마음 하나

나희자 수필집

문학공원

<자서>

수필집 『마음 하나』를 내며

어느 덧 등단 20년이 되었습니다.

짧지 않은 세월, 돌아봅니다.

삶의 어디쯤에 와 있는지, 작은 이야기들을 모아 한 편 한 편 펼쳐 보입니다.

멈추다가 돌아나간 발자국에까지 '조용한 가운데 움직이는 정중동(靜中動')을 배우려 했다면 지금부터는 '움직이되 조용함을 유지하는 동중정(動中靜')을 나만의 방법으로 삼겠습니다.

뒤늦은 각오에 새로운 힘이 나면서 땀도 흘립니다. 열정과 회한으로 웃다가, 울다가 이 글이 땀이 되고 한 편으로는 자극과 도전이 되어 걱정 근심 떨치는 명약이 되기도 했습니다. 일상이 모여 기록이 의미가 된 2013년은 나의 존재가 되었습니다.

오래된 일기나 사진을 들여다봐도 한 편의 글이 됩니다. 맑은 마음으로 예쁜 말로 고치다 보면 고운 빛이 되고 화장기 없는 민낯으로 쓰다 보면 선함과 아름다움이 빛이 됩니다.

주어진 둘레에서 아름다움과 선함이 빛을 발하여 행복이 되고 그 행복이 주 위 분들에게 전달되었으면 합니다.

계절마다 변화하는 자연 속에서 느끼는 그 아름다움을 주위 분들과 나누고 싶습니다. 평화롭고 서정적인 글들은 번잡한 세상을 잊게 합니다. 할머니로, 어머니로, 며느리로, 딸로, 인간으로 살아가면서 느꼈던 행복한 순간들을 정리하게 되었습니다. 내게 주어진 앞으로의 시간들을 소중하고 아름답게 만들어가고 싶습니다.

20년 30년 그 후에라도 추억할 수 있는 소중한 과거가 되어 훗날에 전할 가치가 되었으면 좋겠습니다.

2013. 가을에 **나 희 자** 올림

<추천의 말>

국향이 배여 있는 정원

- 작가 나희자님의 수필집 <마음 하나>의 원고를 받아 읽으며

이 현 복(문학평론가 · 경인교대 명예교수)

"사람의 얼굴은 하나의 풍경이다. 한 권의 책이다."라는 H.발작크의 말과 국화꽃은 온갖 고통과 좌절의 젊음을 지나 거울 앞에 돌아와 선 원숙한 누이와 같다는 서정주 시인의 시 「국화 옆에서」를 연상되었다는 것이 첫 소감입니다.

넉넉함이 배인 얼굴, 가을의 국화를 연상하는 아름다운 외면의 얼굴만큼이나 내면까지도 아름다운 중견작가입니다.

등단 20년, 소녀시절의 감성, 그대로 맑고 투명하게 간직하기 위해서, 시대의 격동기 시련기를 살아오면서 겪은 삶을 정중동(靜中動)이 아닌 동중정(動中靜)으로 '애증으로 엮은 가족사, 그리고 존재 의미 찾기'에 주안점을 두어 형상화한 것이 작가 나희자님의 수필세계입니다.

친모님과 시모님의 부덕(婦德)과 친부(親父)님의 교육열을 삶의 멘토로 삼고 시부(媤夫)님의 숭조사상을 삶의 지향점으로 삼아서 가문의 종부로 종가의 맥을 이어가려는 지난한 몸짓은 잃

어가는 것들 속에서 이어져 가야 하는 것을 생각게 하는 시의성이 짙은 작품집입니다.

현대수필로 등단, 한국문인협회 회원, 서초문학회회원으로 활동한 그는 첫 수필집 『숨결 속에서』로 한국예술문학상을 수상하고, 두 번째 수필집 『어머니 저는요』로 충청문학상을 받은 것은 작가의 문학적 정열과 식지 않은 작품 창작의 집념의 결실입니다.

"내 인생 구원의 길잡이는 문인의 길이다."라는 나희자님의 작품집에는 자신의 삶의 흔적이 소중하게 잘 간직하고 있습니다. 산고의 고통을 겪으며 낳은 보석 같은 작품들을 한데 묶어 또 한 권의 책으로 엮어 오늘 세상에 내보내는 작가의 마음은 설레임과 두려움 그리고 기쁨일 것입니다.

작가의 글 속에는 과거만이 아니라 현재와 미래도 담겨있습니다. 삶뿐만 아니라 우리의 삶이 들어 있어서 범인들이 그냥 한번 웃고 울고 잊어버렸을 삶의 편린들을 차곡차곡 쌓아놓고 있어 일독을 권합니다. 국향이 배인 정원을 나오면서 혼탁한 세상, 진흙탕에서도 아름답게 피는 연꽃처럼 살아가기를 기원하며 다음 수필집 발간을 기다립니다.

문학에 대한 서원이 이루어지기를 바랍니다.

<추천의 말>

여린 아픔들 사이로

- 제3회 한국문학예술상 수상자 나희자

신 용 철(유교신문 주필)

환한 그의 얼굴에 웃음 지으며 살포시 내비치는 하얀 치아의 모습이 그저 아름답고 우아스럽기만 하다.

작가 나희자씨는 충남 서천 출생으로 그곳에서 어린 시절을 보냈고 계간 '현대수필' 에 「종가의 그늘」로 등단하여 문학계로 발걸음을 내디뎠다. 작가는 문학계의 새 이정표를 세우고 웅지의 나래를 펼 독수리의 웅비처럼 자못 진지하고 웅장하다.

제3회 한국문학예술상을 받기도 한 작가는 경주이씨 집안의 석탄공파 19대 종손의 맏며느리이기도 하며, 어디에 내놓아도 틀림없고 확실한 모습으로 자리를 차지하고 있는 선하고 순수한 모습을 은연 중 내품고 고양한 자태를 늘 풍기는 예사스러운 인물이 아님을 필자는 느꼈다.

작품을 써 내려 갈수록 더욱 어려움을 느낀다는 작가는 글을 쓸 때마다 스스로 겸손해짐을 느낀다며 수줍어하는 소녀의 모습 그대로를 내비쳤다. 어린 소녀 시절 장마 빗줄기를 피해보려고 초가삼간의 초라한 집 언저리에서 가늘게 떨며 내리던 그 빗줄기에 섬광 같은 번쩍이는 우수를 발견하고 옷매무새를 가지런히 가다듬고 기다릴 줄 알고 참을 줄도 알았다.

인생의 여러 방편의 꿈을 하나하나 풀어보려는 마음들이 문학을 하며 더욱 더 차분해진다는 작가는 이제 완숙한 성숙의 장(章)으로 변한 모습에 글을 더 신중하게 써야겠다는 집념에 사로잡혀 문학의 길에서 자리 매김을 더한다.

새로이 태어나는 틈새를 움츠리며 싹을 틔우는 심정으로 대지를 박차고 튀어나오는 기상을 느낀다고 말하지만 이젠 완연한 여름 날 맨드라미가 빨간 모습으로 왕성히 자라듯, 어린 새싹은 아니고 그래도 발아(發芽)를 걱정스럽게 보아줄 줄 아는 중견의 자리를 헤치며 미지의 세계로 들어가는 그런 모습을 느낀다.

작가는 험난하고 자기의 주장만을 내세우려는 작가들의 모순성도 과감히 헤집고 나갈 줄 아는 이 시대의 최적의 수필가임을 필자는 느꼈다.

작품에서 보듯 「종가의 그늘」에서, 자신들도 모르는 사이에 집안의 균열이 얼마나 깊어 가는지, 종가로 향하는 모함과 불만의 악순환이 가슴을 짓누르지만 법 없이, 모자람 없이, 종래의 모습대로, 종가로 보존되어야 한다는 대목에서 한편, 종가에만 부여된 어려움들, 내 가슴으로 다 쓸어 담지 못해 눈물을 삼킨다. '쓰러져 가는 종가를 일으켜 세우려는 종부의 고단했던 역정쯤은 모두 잊어버리고 싶다'에서 우리가 느끼는 감정의 표출들을 현대에 살면서 느끼는 감정과 그 예전의 느꼈던 감정들은 한 덩어리로 뭉쳐 키질하며 키워낸 모든 것들이 어쩜 그렇게 잘 표현했는지 그 맺음을 알 수 없다.

우리 예전 시부모님 모시고 살았던 시절과 현대를 살아가는 그 과정을 하나도 숨김없이 표현한 방법이 어쩜 신의 선물이 아닐까 하는 어줍잖은 질투심이 생겨나기도 하지만 2단계 3단계를 거쳐야 하는 작가의 고뇌를 어떻게 감내할 수 있을까! 하며 안쓰럽고 불안했던 심정은 다 어디로 갔을까.

작가가 보여준 여러 가지의 편편들이 작가의 여러 갈래의 꿈을 펼쳐 보이려는 것을 아스라이 펼쳐오는 하얀, 까망의 발길질을 해 보려는 인간의 순수한 감정 표현이 때로는 대학로 어느 카페의 열정적인 공연이 한창인 멋들어진 감흥처럼 내 주어지는 것은 무엇 때문일까.

여유로우면서 어줍잖은 어느 중년의 가슴에 어울리는 여러 가지의 서정적인 움직임이 이제 환한 달빛에 엉키어 지듯 아무도 없는 외롭고 또 화려함이 함박꽃처럼 그저 달님을 쳐다보듯 괜히 웃음 짓고 공연히 울었음직한 그 어느 날의 모습들이 나래를 한 올 한 올 펴서 일곱 빛깔 무지개 색의 영롱한 융탄자를 깔아 씀직한 모습으로 찬연히 이 세상에 나와 고통과 아픔을 어떻게 감내할 것인가 하는 본능이 보인다.

애처로움처럼 곱게 곱게 자란 작가의 고통을 상상하며 그래 어차피 대범한 뜻 일진데 그저 하늘거리는 코스모스보다는 곧고 은은한 가을 날 국화꽃의 애잔함을 두 손 모아 성공을 빌어본다.

금년 들어 제일 춥다고 하는 날, 종로 5가의 어느 커피숍에서 필자와 처음 만난 작가 나희자씨는 너무나 꾸밈없이 말 자체부터 정감이 들었다. 두 시간 동안 많은 아픔들이 이제는 모두 흩날려 져 가는 산정호수 명성산의 고요도 억새풀잎 같이 생을 마감하는 여러 군락들을 바라보듯 환하게 기쁨의 산실이 되고 말았지만 그 이튿날 서울에 눈이 쌓여 오래간만에 필자는 그저 소년이 되었다.

갈팡질팡하던 마음이 그토록 맑은 눈, 검은 눈동자가 맑은 대지를 내려다 볼 작가의 심정에 그저 찬사를 보내고 앞으로 문단에 커다란 발자취를 남길 수 있도록 정성 모아 빌면서 이번 수상에 다시 한 번 아낌없는 찬사를 보낸다.

차 례

제4장. 내 안의 꿈

제5장. 시간이 흘러

제6장. 느리게 살기

제1장. 아름다운 동행

정은 시간이 만들어 낸다. '덮어주고 모자람을 채우며 지나친 것을 덜어낼 때' 시간은 그렇게 정이 만들어진다. 눅진하던 삶에서 활력의 방습제가 된다. 형제 이상으로 편안하게 만난다는 일이 쉬운 일이 아닌데도 그 귀함은 꽃으로 피어 서로에게 존재감이 된다. 이다음 외출이 어려울 때도 인생 이야기를 두런두런 나눌 것이다.

고슴도치

양재동 꽃시장에 손자를 데리고 산책나간 일이 있었다.

예쁜 꽃들로 그득한 가게 앞을 지나며 손자는 기분이 좋아 연신 종알댄다. 이건 빨강. 저건 핑크, 보라, 옐로우……, 하면서 꽃들을 가리키다가 코를 큼큼대며 향기를 맡는다.

"할머니. 냄새가 너무~ 좋아"라고 한다. 한참을 더 걷더니 "할머니 나 지금 너무~ 행복해"라고 한다. 그 말이 나에게 쿵 하고 내려앉는다. 지나치던 꽃 가게에서 그 말을 들었나보다.

"너 몇 살이야."

"다섯 살 이예요."

"그 나이에 행복한 걸 알았으면 됐다."

나는 그 대화 속에 끼지도 못하고 미소만 지었다. 몇 걸음 지나왔는데 사장님이 녀석을 부른다. "꼬마야, 이 꽃 하나 가져가거라."하면서 미니 화분 하나를 안겨 주었다. 손자는 좋아서 어쩔 줄 몰라 하더니 배꼽 인사로 '고맙습니다'를 한다. 손자의 얼굴에 함빡 웃음이 피어났다.

앙증맞은 화분을 들고 걷는 손자에게 "꽃이 맘에 드느냐."고 물었다.

"꽃은 다 예쁜 거지요" 한다. 이런 표현의 의미를 손자가 아니면 경험하지 못했을 거다. 손자는 감성이 풍부하다. 경이롭기만 하다. 조손간이 아니면 나눠가질 수 없는 추억이 된 봄날이다. 봄에 누린 최대의 기쁨이자 할머니만의 행복이었다.

어느 날은 에미가 저녁 약속이 있어 아이를 맡겼다. 손자도 할머니와 함께 있는 시간을 좋아했다. 모처럼의 해방감일까. 엄마와의 '아름다운 구속'에서 벗어남일까. 오자마자 보고 싶은 TV 채널을 돌린다. 케이블 302번, 306번은 어린이 채널이다. 손자가 좋아하는 프로다. 나는 책을 읽어줄 생각이었는데 한사코 '포켓몬' 아니면 '뽀로로'나 '피카추'를 보겠다고 한다. 손자를 이길 수 있으랴. 그럼 30분만 TV보고 책읽기로 약속했다.

약속은 꼭꼭 지키는 손자였다. TV도 보고 책도 읽고 나서 이후부터는 자유시간이다. 신문을 다 꺼내더니 한 장씩 펴서 집을 짓겠다고 한다. 소파에서부터 식탁을 지나 싱크대까지 길게길게 폈다가 또는 쪼글쪼글하게 구겨 뭉치더니 칸막이를 한다. 여기는 할머니 방, 여기는 내 방, 그리고 엄마아빠 방이라고 한다. 재미있어한다.

그런데 갑자기 엄마 생각이 났나 보다. "엄마는 왜 안 오지.

전화 해볼까."걱정스런 말이다. "재인아, 남자는 의젓해야 한다. 엄마는 약속대로 곧 올 거구 재인이가 기다리고 있으면 엄마가 빨리 올 거야."하며 달랠 수밖에 없었다. 그런데 고개를 외로 떨구며 목소리가 사뭇 작아졌다.

'난 엄마가 없을 때가 제일 슬프단 말이야.'

다섯 살 배기 손자에게서 슬프다는 말을 처음 듣는 순간, 무언가 가득 담기는 할머니의 마음은 무얼까. 원래 이런 내가 아니었는데. 눈물이 고인 심정으로 손자를 보며 웃었다. "재인아, 엄마 올 때까지 기다리다가 졸리면 할머니랑 그냥 자자"고 해봤다. "그래도 난 지금이 슬퍼."라고 한다.

손자야, 너는 슬픔을 그렇게 만났니? 슬픔이란 말이 은하수처럼 흐른다. 습관처럼 나는 손톱을 깨물려다 손을 내렸다.

잠시 후에 에미가 왔다. 얼마나 반가워하는지 모른다. 급히 엄마를 따라나선다. 그러다가 엄마의 옷자락을 부여잡았던 손을 놓으며 뒤를 돌아본다. 구부리며 배꼽 인사를 꾸벅 하더니 "할머니, 수고했어요."한다.

"뭘 수고 했다는 거야?"하며 머리를 쓰다듬었다.

"엄마 없는 동안 날 돌봐줘서요. 그리고 할머니 정신없게 했는데도 할머니가 나를 잘 보살펴 줘서 수고했다는 말이에요."하고 돌아서는 손자의 뒷모습이다. 바로 희망이다. 저 때문에 뒤죽박죽이 된 할머니의 시간을 잘도 안다. 수고한 일에 인사 할 줄 아는 다섯 살 손자는 하루가 다르게 표현이 익어간다. 말 잘하는 것도 내려오는 맥이다.

손자는 꽃 같은 존재다. 행복을 안겨주면서 동시에 보살펴야 하는 수고로움이 남지만 행동 하나하나가 눈에 밟혀 눈만 뜨면 보고 싶다.

내가 할머니가 되기 전에는 이런 이야기는 쓰지 않았다. 언제나 아들들의 엄마 자리에 있는 줄 알았다. 그래서인지 가끔 손자에게 '엄마가 해 줄게'라고 할 때가 있다. 엄마의 자리와 할머니의 자리바꿈에 대한 혼란상태다. 그렇게 몇 번을 바꿔 말했더니 손자가 먼저 알고 고쳐준다.

"나도 어쩔 때 유치원 갔다 와서는 할머니를 선생님이라고 할 때가 있는데 할머니도 나한테 엄마라고 할 때가 있네. 그래서 우리는 똑같은 거야."이렇게 궁짝이 잘 맞는 얘깃거리를 주고받는다. 주어와 목적어를 조합해 전달하는 의사표현이 대견하다. 손자는 늘 새로움을 보인다.

이제 갓 다섯 살 손자와 할머니는 그렇게 세상을 진하게 살고 있다.

- <서초문학> 2011. 8

많이 사랑해

나는 하루에 몇 번이나 웃을까.

오늘은 재현이 재롱을 보며 많이 웃었다.

'누구 닮았어요'하고 할머니가 물으면 '할머니'라고 대답한다.

엄마가 '누구 닮았어요'하면 '엄마'라고 한다.

외할아버지가 어떻게 하시지? 하면 '인마'하고는 외할아버지 흉내를 낸다. 세 살 난 둘째 손자는 이제 막 말문이 터졌다.

'웃어봐'하면 입 꼬리를 살짝 들며 이를 드러낸다.

양 볼에 보조개가 쏘옥 들어간다. 연신 싱글벙글이다.

'번개 ~ 파워'하는 폼은 양팔을 한껏 벌려 하늘에 대고 활을 쏘는 포즈, 번개 세레머니다. 완전 매력이다.

노래도 잘한다. "아빠, 힘 내세요~. 우리가 있잖아요~. 아빠 힘 내세요~."까지만 연속 반복이다. 재현이의 첫 노래다. 발음이 정확하다. 누가 하라고 해서 하는 것이 아니고 하고 싶어서 한다. 마냥 사랑스럽고 감동적이다.

'강남 스타일'을 부르며 말 춤 흉내 내는 앙증스러운 뜀뛰기나 '하이 파이브'를 하는 손맞춤, 엉덩이를 양쪽으로 기우뚱거리는 '젠틀맨'을 따라하는 재롱 덩어리다.

이제 2년 2개월, 할머니 할아버지 부르는 발음도 야무지다. 전화 걸면 '할머니~ 할머니~'의 반복이다. 아들 며느리에게 할 말 있어 전화 걸었다가 손자에게 정신을 빼앗기고는 정작 할 말을 잊는다.

입매가 야무지면 좋은 일을 한다고 한다. 밥을 먹어도 입을 다문 채 꼭꼭 씹는다. 심성 착하게 지금 모습 그대로 자라길 바란다. 주어도주어도 모자라기만 한 사랑의 무한 세계를 손자를 얻고서야 비로소 알게 되었다.

할머니 할아버지께 돌아가며 뽀를 해주는 그 보드라움처럼 오늘만 같았으면 좋겠다.

'천국이 따로 없다. 저 어린 것이 바로 천사다. 천사가 있는 곳이 천국 아니냐. 우린 지금 천국에 사는 거야.'하는 할아버지의 덕담이다. 천사와 함께 천국에 사는데 행복하지 않으면 안 된다는 할아버지의 지론이다.

올해 초등학생이 된 큰 손자와 재롱 덩어리 작은 손자,

모두 많이 많이 사랑해.

- 2013. 5

아름다운 동행

용주사의 바람은 맑고 달다.

"커피 드릴까요. 사부인 좋아하시는 아메리카노 준비 해왔는데……."

"좋지요. 고맙습니다."

단풍 그늘 아래에서 사돈끼리의 웃음이 바스락거린다. 편안한 옷차림과 화사하고 세련된 패션으로 멋스러운, 수원사돈이 따라주는 커피다. 사돈끼리 함께하는 단풍 나들이는 경이로운 동행이다. 우리의 귀함을 자연도 인정하여 억세풀들이 반짝인다. 청명한 하늘도 큰 선물이다. 융건능의 단풍은 우리를 위해 기다리고 있었다.

용주사의 역사 속 명소를 들러보는 멋진 시간이다. 정조대왕의 아버지 사도세자가 억울하게 죽은 일에 한이 맺혀 묘를 화성으로 이장해 놓고 능을 수호하고 명복을 빌기 위해 중건한 용주사의 내력이 진진하다. 찾는 이의 사랑을 여전히 받고 있다는 사돈의 수원 사랑이 대단하시다.

절 안으로 들어서자 큰 나무 아래에 나무 의자가 몇 군데 마련되어있다. 한 곳에 자리를 정하고 고구마와 삶은 밤, 단감이며 사과에 원두커피 등 사부인이 정성껏 준비한 간식을 나무 테이블에 풀어 놓으신다. 콩알 밤은 꿀 맛, 호박 고구마의 단맛도 최고, 아삭아삭 씹히는 단감 맛이 달다. 초콜릿까지 곁들이며 어릴 때와 다를 바 없는 어른들이다. 찻잔 대신 고구마 쌌던 은박지를 둥글게 만들어 차 한 잔을 권한다. 그 자체가 웃음이고 정이다.

큰 사돈과 작은 사돈 사이는 사돈에 사돈이다. 그래서 사돈끼리 만나면 늘 첫 인사가 "사돈의 사돈, 안녕하셨어요."라고 한다. 사돈이란 말이 '가장 어려운 관계'인데 곤란한 호칭을 그렇게 수월하게 부른다. 사부인이라는 말도 마찬가지. 처음에는 어색해 쉽게 부르지 못했는데 지금은 언니라고 부르는 것 이상으로 익숙해졌다.

용주사 경내 입구에는 은행나무와 단풍이 노랗고 빨갛게 물들었다. '초록이 지쳐 단풍이 든다'고 서정주 시인은 읊었다. 대웅전 뜰아래 국화 무더기의 향내는 진하게 멀리 퍼져나간다. 벌 들이 향기를 배불리 먹는다. 우리도 코를 대어 본다. 이 가을을 얻기 위해 예까지 왔다. 미래로 이어지는 산책이 아닌지.

법당에선 법회가 있었고 찬불가가 들린다. 귀에 익은 노래가 국화 향을 따라 절간에 은은하게 퍼진다. "지금도 기억하고 있어요. 시월의 마지막 밤을, 뜻 모를 이야기만 남긴 채 우리는 헤어졌지요. 우~우~" '시월의 마지막 밤'의 하모니가 뭉클하다. 나직하게 따라 부른다. 수원 사돈의 만돌린 연주회 때 감동으로 들었던 '시월의 마지막 밤'이 생각난다.

사돈 간에 팔짱을 끼고 시간을 품은 산책은 마음의 간격을 가까이하는 걸음이다. 네 귀퉁이 튼실한 보자기로 싼 듯 내밀한 온기에 마음이 느슨해진다. 수채화 같은 가을을 걸으며 낭만을 공유하는 사돈관계가 흔한 관계일까만 오늘은 깊어가는 정을 단풍빛으로 물들이기에 넉넉하다. 도란도란 나누는 이야기 속에는 엇비슷한 자식들 이야기들을 서로 답안지 돌려보듯 격려하며 보듬어 준다.

이야기는 이어진다.

"그래 맞아요."

"그렇죠, 정말 그런 거예요."

"그 심정 충분히 이해합니다."

추임새 같고 맞장구 같다. 누구에게나 그럴만한 사연이 있다는 듯 귀담아 들어주니 얼마나 고마운지. 마음을 다독이는 이야기에 융건능의 단풍은 뒹굴겠다, 이 용의 노래도 흐르겠다, 가만있어도 사랑으로 너울댄다.

절 마당을 걷는 동안에도 국화꽃처럼 '늦게 핀 꽃이 더 향기롭고 아름답다'는 것을 알아간다. 고구마 같은 순박한 사랑, 단감 같은 사랑, 20대 보다는 60대인 지금이 훨씬 좋은 찐 밤 같은 사랑, 이 맛이야 하는 아메리카노 스타일, 피로 회복제 대신 초콜릿을 곁들일 줄 아는 하루였다.

정은 시간이 만들어 낸다. '덮어주고 모자람을 채우며 지나친 것을 덜어낼 때' 시간은 그렇게 정이 만들어진다. 눅진하던 삶에서 활력의 방습제가 된다. 형제 이상으로 편안하게 만난다는 일이 쉬운 일이 아닌데도 그 귀함은 꽃으로 피어 서로에게 존재감이 된다. 이다음 외출이 어려울 때도 인생 이야기를 두런두런 나눌 것이다.

이별이 아쉽다. 앞으로 알밤 같은 일들이 수북하길 바라며 인사를 나눈다.

가을이 가기 전, 낙엽 길을 걷고 싶어 다녀온 나들이는 즐거움을 선물 받고 돌아온다.

내년 이맘때가 되어도 여전하리라는 예감이다.

- 2012. 10

단풍잎 연서

어제, 숲길을 걸으며 단풍들의 향연을 보았다.

단풍 색깔은 저마다 선명하고 빛 고운 잎들은 조명을 켠 듯 눈이 부시다. 수북이 쌓이는 낙엽이 나무에 매달린 단풍보다 더 화려할 수도 있다는 것을 실감한다. 나뭇잎도 나이 들어 더 할 수 없이 화사하고 나도 나이 들어 좋은 일이 많다. 눈부신 가을햇살 받아 저마다의 빛깔을 모아 행복을 전해주는 낙엽은 맵시 좋은 곡선으로 떨어지는 모양도 환상적이다.

그 아름다움에 못 이겨 가는 곳마다 주워온다. 낙엽 냄새. 흙 냄새. 이 숙연한 자연 앞에서 내가 무얼 할 수 있겠는가. 예쁜 것들만 주워 주머니에 넣어오는 일 말고는.

빨간 단풍, 노랑 단풍, 모든 단풍은 다 예쁘다. 기미 주근깨가 앉은 단풍까지도 예쁘다. 식탁에 모양내어 깔아 본다. 저마다 곱다.

낙엽에 쓴 글이다. 식탁이 환하다.

종로길 한옥 다방 곁을 지나오다 주워 온 단풍잎이다.

"11월 11일 종로 1가 다방"이라고 썼다.

양재천 산책길을 걸으며 노랑 하나, 붉은 잎 하나 주웠다.

"광해" "60"이라고 썼다. 올해 영화 본 기념이다.

우면산 길 갈참나무 잎에는 "착한 남자" "진짜 남자"라고 써서 그 중 하나만 유리판 아래에 넣었다. 투닥투닥 알록달록 평생 함께 살아온 남자에게 이 말밖에 할 말이 없다.

가을우체국 앞에서 주운 한 쪽에 구멍 난 주홍 벚 잎에는 "오도 가도 못하는데"라고 외딴 속내를 최대한 예쁜 글씨체로 써 보았다. 마음 둘 데 있어 좋다.

물웅덩이에 둥둥 떠 있는 적멸(寂滅)의 한 잎도 주워 물기를 닦고 말린다. 물들대로 물든 색이 하도 고와 "멋쟁~이"라고 썼는데 마음이 짠하다. 괜찮아. 머무는 것은 아무 것도 없으니.

경복궁 안에서 햇솜 같은 뭉게구름을 올려다 보다 내 얼굴로 낙하하는 한 잎을 손으로 받았다. "추울까 봐 데려왔어"라고 썼다.

내곡동 산 속에서 주워 온 은행잎에는 "낯선 힘에 저항하는"이라고 썼다. 낯선 곳에서 온 낯익은 단풍이다.

"평온함과 현실의 분주함"이라고 쓴 갈색 낙엽은 빌딩 앞에서 데려온 플라타너스 이파리다.

시민의 숲 단풍나무에게 나는 문자를 받는다.

가끔씩 고스톱 치던 단풍나무는 "나 절정이야, 낙장불입, 낙장불입"을 보내왔다. 경지에 이르도록 지경에 이르도록 새긴다.

낙엽을 모으며 누구를 위한 낙엽인가를 묻는다. 잔바람에 간당거리며 매달려 있는 마지막 잎도 부르면 내 발 끝에 돌아올 것이다. 그리고 추억의 한가운데를 차지할 것이다. 절실함으로.

들여다보는 재미, 생각하는 재미에 심심하지 않다. 아끼던 제 것을 내려놓는 낙엽만큼 아름다움이 있을까. 따듯한 찬사를 보낸다.

단풍잎 연서는 볼수록 멋지다. 깨알 같은 글씨 가득한 한 뼘 식탁의 행복, 연서의 묶음은 2012년 한해살이를 곱게 담고 있다. 하나하나 적은 글들이 기분 좋은 듯, 아름다운 연서의 첫 줄과 낙서의 첫 줄로 만나 화환처럼 엮이어 있다.

나를 돌아보고 내 얘기를 할 수 있는 나이가 된 것 같다. 이 가을에 내가 한 일이다. 낙엽 하나하나에 만나고 헤어진 사람들을 오버랩 시켜본다. 낙엽은 곳곳에 놓인 그리움을 말하고 추억의 문을 열고 닫는다. 어느덧 깊숙이 껴안고 사는 단풍연서, 가을이 가고 있다.

나는 한 잎의 낙엽이 아닐까.

- 2012. 11

허기진 손님

은행 직원이 손님을 호명하던 때가 있었다.

어느 날, 볼 일이 있어서 점심도 거르고 은행을 찾았다. 가쁜 숨을 고르며 의자에 앉아 순서를 기다리는데 배에서 꼬르륵 소리가 났다. 그 때 여직원의 낭랑한 목소리가 들려왔다. "허기진 손님, 2번 창구로 오십시오."

나를 부르는 건가 싶어서 "네."하고 일어나려는데 옆 사람이 앞으로 나갔다. 당황한 나는 자세를 고쳐 앉으며 마음을 진정시켰다. 그런데 또 다시 직원이 나는 부르는 것 같았다.

"진정한 손님, 1번 창구로 오십시오."

이렇게 상황과 잘 맞아떨어지는 이름을 연달아 부르다니…….

그 뒤로 나는 이름에 관심이 많아져 독특하다 싶으면 적어두는 습관이 생겼다. 내가 애정을 갖고 모은 이름 중에는 유행은, 이대로, 안죽자, 방송식, 이인생, 손모아, 소설인, 변명의 등이 있다. 심지어 얼마 전에 받은 청첩장의 신랑 신부 이름은 조약돌, 김소리였다.

요즘도 가끔씩 은행 문을 나설 때면 그 날이 떠올라 웃음이 난다.

- <좋은 생각> 2012년 2월호

관용의 마음으로

가정 법원을 하루에도 두서너 번 지나친다. 가끔 나는 이곳을 벼랑 끝이라 생각한다. 이 건물에서는 뛰어내리고 싶기도 하고 마냥 쳐다보고 있다가 속수무책 마음을 돌리기도 한다.

서울 가정 행정 법원이 내가 사는 곳 바로 이웃으로 이사를 왔다. 집에서 2분 남짓 거리에 법원 청사가 와있다.

김의환 고등법원 부장 판사의 글을 읽으며 “서울 행정 법원은 지난 9월에 양재동 새 청사로 이전함으로 새로운 도약을 위한 양재동 시대를 열었다”는 첫 글에서 감회가 남다르다.

‘가정 법원이 멀어서 여태 이혼 못한 거 아니야? 가까이 왔는데 한 번 가볼까?’하는 양재동 친구들과의 우스갯소리가 귓가에 남는다.

사연 많은 사람들이 그렇듯, 부부로 살면서 한 번쯤 가보고 싶은 곳인지 모른다. 나도 그랬다. 자유방임주의자인 남편과 사느라 때로는 신뢰에 금이 가고, 이혼하기에 앞서 거칠고 메마른 말이 내게 전이 되며 갈등, 분노, 배신감 등으로 휘청 넘어질 때 도덕적인 책임을 떠나 자유로운 발자국 한 번 내디뎌볼 생각이 왜 없었겠는가. 그러나 어려운 결단을 접수 시키지 못한 '합의 이혼서'는 끝내 '종이 한 장'으로만 서랍 속에서 살고 있다.

살아온 가치관과 인생관을 반영해 '관용의 마음으로' 드높은 하늘 되어 그저 두둥실 흘러온 것일까. 어떤 부부는 싸움 끝에 성숙해지고, 어떤 부부는 싸움 끝에 망가지는 모습을 보며 나 자신도 척하며, 체하며 답이 나오지 않는 세월에 '관용'의 그 길만을 걸어온 것을…….

용서할 수도 인정할 수도 없는 시간들이 망연해 일부러 법원 청사 앞을 지나쳐 양재역으로 나간다. 벌써 몇 달 째 그런 걸음이 이제는 아무렇지도 않은 상업 건물 앞을 지나는 무심한 걸음으로 바뀌었다. 예민하고 여린 가슴에 '관용'이라는 '경비 아저씨'가 '이별'만은 단호하게 막아내고 있으므로.

내 '관상'에는 이혼이란 없나 보다. '파도만 보지 말고 바람을 보아라.'했던 관상쟁이 송광호의 영화 속 대사는 나를 두고 이르던가.

가정법원 뒤편 야트막한 동산에는 아직 용서하지 못한 비구름이 하늘에 오르지 못하고 땅에 내리지도 못하면서 걸려 있다.

- 2013. 10

행복한 일만

꽃 돌보는 일은 하루의 시작이다. 돌이켜보니 꽃을 사랑하는 어머니로 인해 많은 꽃들이 어우러진 아름다운 우리들의 어린 시절이 있었다. 유난히 꽃에 심취하는 생활은 어머니의 꽃 사랑과 더불어 나에게 내려온 내력인 것 같다. 꽃들을 자식처럼 가꾸며 푸르게 살다 가신 어머니, 어지러운 시대를 맑고 깨끗하게 살다 가신 어머니를 존경한다.

화분 손질, 화단 정돈을 해놓고 그런 생각을 떠올리던 나에게 '당신 멋져'라고 칭찬해 주었다. 내친 김에 사행시를 읊어 본다. '당당하게 신나게 멋지게 져주며' 살자는 나에게 보내는 메시지다.

꽃을 돌보다 그런 생각을 하면 몸이 가벼워진다. 꽃들이 내 마음에 들어와 앉는 순간, 잔잔한 호수가 된다. 서성이며 살아온 앙금이 가라앉는다.

꽃의 포로가 되어 본 일이 이뿐인가. 꽃 사랑은 분명 큰 행운이다. 목이 마르니? 어디 아프니? 가지가 많아 무겁니? 키가 커서 고민하니? 그러다 보면 마치 오래된 친구처럼 친숙함으로, 미소로, 자람으로 다가와 지친 마음 살펴 준다. 손 가는 만큼 나에게 화답한다.

얼마 전에 현관 입구에서 새로 피어난 '발리나팔꽃'이 손자의 눈길을 끌었다. '할머니, 너무 예뻐. 나도 핑크를 좋아해. 핑크색 꽃을 보면 행복해'라는 말에 내내 기분이 좋았다. 꽃은 손을 내미는 손자에게 행복을 안겨준다. 손자는 꽃을 행복이라 한다.

지난겨울에는 얼어 죽은 줄만 알았던 '구아바' 나무가 다시 살아났다. 겨우내 집안에서 키워서 처음 바깥에 내어 놓던 날 갑작스런 추위를 맞았다. 봄을 기다리던 내 조급함과 변덕스러운 날씨 탓에 얼어 죽었을까. 매일 들여다보아도 살아날 기색이 없었다. 다시 살아날까 그대로 두고 주변으로 봉숭아를 심었다. 이런 마음을 알았을까. 봉숭아가 무성해 질 무렵, 나무에서 잎을 피웠다. 잎사귀들이 푸르게 손짓한다. 알아 달라고 초록을 뿜어낸다. 오늘 아침에도 제법 물기를 쑥쑥 올리고 반짝이는 윤기를 뿜는다. 물을 주고, 흙을 갈아주고, 덮어주고, 마른 가지 쳐 내고, 기도까지 간절했는지 일제히 살아나는 구아바 나무, 반가움에 바투 다가간다. 마치 생존의 갈망을 이룬 드라마였다.

꽃을 들여다보고 얘기를 주고받으면 꽃은 외면하지 않고 용기를 준다. 보답을 잃지 않는 거다. 자신을 돌봐주는 주인의 안녕을 위해 빛깔을 선사한다. 눈웃음으로 피어난다. 작고 새빨간 입술로 옹알거린다. '인간을 상대로 열 받지 말라'고. 길고 짙은 속눈썹 내리깔고 묻는다. '울화통을 누를 때 써 먹는 주문을 알기나 하느냐'고. 꽃들이 하는 말은 나를 긴장시킨다. 시인은 '장미가 울기까지 한다는 것을 안다'고 한다. 꽃이 말을 한다는 것이 시에서만 그런 줄 알았다.

꽃들은 이런 말도 한다. '내 주인은 부지런하여 목마를 새가 없다. 그러니 주인도 건강하시라고. 일과 보살핌은 쉼이 없으니 그만한 가치에 감사의 표시로 꽃을 피우기 게을리 할 수 없다.'고 담담하게 말을 남긴다. 추위에 죽을라, 비에 상할라, 정성들여 돌 본 심정을 꽃은 배반하지 않는다. 손자에게도 행복을 주는 훈기로 곱게 피우고 있다.

요즘 나에게 이런 축복이 있는지 몰랐다. 조금 무뎌지고 조금 너그러워지며 조금 더 기다릴 줄 아는 꽃 돌봄에서 꽃과 이야기하는 시간 늘어나니 행복한 일만 남았다.

- 2013. 4

명절 일 분담

매서운 한파, 춥다는 말이 부족할 정도로 춥다.

사흘 앞으로 다가온 설이다. 큰며느리와 얘기를 나눈다. 봄꽃, 여름 하늘, 가을 단풍, 겨울 눈꽃만큼이나 많은 살아온 이야기들의 속살까지…….

며느리 처지를 들여다본다. 껍데기 말고 정신과 마음가짐을 전승하는 게 중요하다는 생각을 전한다. 그리고 건너온 다리는 불살라버리자고.

말 나온 김에 '제사도 줄여야겠다,' '…….' '나 죽고 나면 힘들 테니 나 살아있을 때 줄여야지…….' 선선한 혼잣말을 며느리는 알아듣는다. 침묵이다. 내 가슴 어디엔가 냉기가 쌩하다.

며느리들이 명절 날 되면 즐거웠으면 좋겠다. 그들도 딸이었을 때는, 시집오기 전에는, 명절이 좋기만 했을 텐데 며느리라는 이름을 달고부터는 명절이 부담이 되고 즐거움만은 아닐 것이다.

그래서 아래 위층에 사는 큰며느리이지만 녹두전 한 가지만 부쳐오도록 했다. 작은 며느리는 호박전을 해 오도록 했는데 불고기도 해온다고 한다. 막내며느리는 동그랑땡, 두부부침, 야채 셀러드를 부탁한다.

나머지는 시어머니 몫이다. 제수용품 빠지지 않게 챙기는 일과 탕국 끓이고 식혜 만들고, 떡국 국물 만들기와 밤을 까면 된다. 나누어 일을 시키고 나니 마음이 나누어져 가볍다. 어떻게 하면 며느리들의 주방 노동을 줄일까 해서 생각한 분담역할이다. 한데 모여 일하는 맛도 있지만 각자 자기 살림 위주로 준비해 오는 것도 좋은 듯싶다.

허전한 느낌이지만 오히려 편하다. 아직은 손자들이 어리고, 더 큰 이유는 내가 있는 집이 아파트만큼 훈기가 없어 아이들 다녀간 뒤로는 감기 소식이 오기 때문이다. 형편대로 하자. 올해는 추위도 너무 춥다. 파랗게 얼어붙은 세상, 오고 가는 자체가 고생이다. 제사나 가족 모임 날이나 다 같이 즐거운 날이라고 생각하길 바란다. 우리 세대에선 그렇게 살자.

내년에는 더 좋은 환경과 더 좋은 이유가 생기겠지.

- 2013. 2

2월의 첫 날

새벽부터 굵은 빗줄기, 많은 비가 온다.

양재천 징검다리가 물에 잠겨 구름다리로 건넌다. 오늘도 여전히 빠른 걸음 걷고 있다. 금방 봄이라도 온 듯 온기가 돈다.

겨울비 내리는 날 책읽기로 보낸다. 보고 싶던 책을 하루 종일 뒤적여 본다. 책 속에 비춰지는 다른 이들의 삶을 내게도 조명해 본다. 두보는 남아수독 오거서(男兒須讀 五車書)라 했다. 이 세상에 남자로 태어나 읽어야 할 책이 다섯 수레에 가득한 분량이라 표현한 것이다. 자칫 다섯 수레만큼의 책을 읽고도 어리석음에 사는 내가 아닌지…….

잠시 은행에 볼 일이 있어 외출했다. 은행 입구에 난(蘭)을 10여 개나 주욱 내놓아 비를 맞히고 있다. 난방이 잘 된 실내에서 지냈으련만 비 맞고 있는 난을 보니 마음이 흐뭇하다. 저마다 시원함을 느끼는 듯하다. 우산을 펴는 척 어물거리며 난 곁에 머문다. 한결 싱싱해 보인다. 이제 막 꽃을 피우려는 난도 있다. 비를 얼마나 좋아하는지 나를 보고 살랑살랑 물을 털기도 한다. 집에까지 따라오며 소곤거리는 난들의 이야기에 발걸음이 가볍다. 오늘 내가 읽은 책을 읽은 것도 정서의 고갈에 비를 맞히는 주인과도 같다.

갑자기 나갈 약속이다. 몸담고 있는 문학회 모임. 문우들 만나 담소 나누는 시간은 내가 좋아하는 취미생활 같은 거다. 그들에게서 단상을 얻는다. 노인문제부터, 안락사 시킨 개 이야기, 여성 대통령의 미소와 그녀의 브로치에 관한, 그리고 해외 여행담, 영화 본 얘기는 필수, 감기 걸린 이야기에 이번 달 전기 요금 폭탄까지 두루 거치는 대화는 수다의 날개를 달아준다. 수다는 우울증의 비타민이다.

이만하면 외롭지 않은 모임이다. 추위를 유난히 타는 나를 마음 따뜻하게 데워주는 모임이다. 나도 문학에 관한 소임을 다 하고 싶다. 창의력을 키우는 방법으로 프랑스 소설가 베르나르는 '규칙적인 생활과 꿈 메모하기'를 꼽았다. 잠과 꿈을 위해 침대 곁에 늘 공책과 연필을 둔다. 잠깐 잠에서 깨어나 꿈에서 본 것까지 모조리 적는 습관이다. 아침에 일어나면 도저히 자기가 쓴 글씨를 알아볼 수가 없었다. 결정적인 아이디어를 얻는 꿈, 나도 그렇게 해보았던 일이다. 아주 비슷하게.

휴(休), 글쓰기가 없다면 얼마나 쓸쓸했을까.

- 2013. 2

손자와 썰매를

손자가 쉬는 날이다.

2시간 쯤 할머니와 놀 수 있다고 왔다. TV 좀 보다가 방안에서만 있으니 지루해 한다. 밖에 나가는 걸 좋아하는데 밖은 춥다. 요즘 눈병이 생겨 유치원에도 일주일 째 쉬며 집에만 있다. 기침 콧물도 심하다. 병원에서는 비염이라고 한다. 콧물이 계속이다. 딱하고 안됐다.

그래도 어쩌랴, 내일부터는 다시 한파라는데 오늘 같은 날씨에는 나가 놀아야지. 뒷산에 올라가 썰매라도 태워주려고 나갔다. 얼마나 좋아하던지.

눈 치우던 큰 삽에다 방석을 깔고 손자를 앉게 하고 끈으로 삽자루를 묶었다. 끈을 잡고 끌고 밀었다. 내리막길을 신나게 미끄러지다가 삽이 비뚤어져 넘어지고 나뒹굴었다. 이 녀석은 그런 순간을 더 좋아한다. 넘어진 김에 눈을 뭉쳐 눈사람을 만들었다. 뭉친 눈을 할머니한테 던져 맞히고 피하는 장난을 좋아한다. 3,

40분 놀다보니 눈물 콧물이 더 나는 것 같아 걱정이다. 집으로 가자해도 싫어한다.

'놀기로 해놓고 왜 벌써 가자고 해요. 1분도 안 돼 집에 가자는 할머니가 싫어. 더 놀고 싶단 말이야.' 하고 따진다. 손자를 이길 수는 없다.

화나는 마음 가라앉히려고 퀴즈 문제를 낸다. 손자는 퀴즈 풀기를 좋아하고 답을 맞추는데 승부욕을 거는 성미다. '먹으면 죽지만 먹지 않을 수 없는 것은?'하고 물었다. '그런 게 어디 있어. 살려고 먹는 거지.' 힌트를 줄까 했더니 고개를 끄덕인다. '할머니가 먹지 않을 수 없는 거야. 할머니가 해가 바뀌면 무얼 먹지?' 아마도 스무고개를 넘어가도 답을 맞추기 어려울 것 같다. 나이다. 손자가 이해가 안 되는 건 당연하다.

이번엔 좀 쉬운 문제, '홈런 치면 안 되는 운동은?'

'탁구.'

한 문제만 더.

'중학생과 고등학생이 좋아하는 차는?'

'중고차.'

문제의 답을 고심하면서 손자의 콧물도 사라졌고 겨우 집에 들어왔다.

할머니도 나이를 먹고 손자도 나이를 먹느라 열심히 썰매를 탄다.

- 2013. 2

제2장. 마음 하나

지금은 자식을 품 밖으로 내 보내고 새로운 풍광을 둘러보고 있다. 나를 굽어보고 이즈음에 의무와 가치를 병행해야 할 때다. 힘세고 튼튼한 줄만 알았던 나에게도 세월 앞에서는 장사가 아니다. 내 인생도 파릇한 시절이 있었지만 무서운 건 시간이다. 아픈 데가 생기고 외로움도 생겨 오래도록 움켜쥐고 있던 헛된 것들을 놓으려 손을 펴기도 한다.

아가에게 기도를

봄이 오는 3월.
잎이 돋는 12일,
복 내리는 주말에 아가는 태어났다.
맨 몸으로 나와 울기도 하고 떨기도 하며
온 몸으로 희망을 말하며
기다리는 모두에게 행복을 안겼다.
하품을 한다. 찡그리고 오물거린다.
살짝 눈웃음 짓고 쌔근거린다.

고 작은 꼬물거림을 맞이하기 위해,
찬란한 생명을 받기 위해,
열 달 동안 간직한 사랑의 힘에 감사기도 하게 하소서.
아가를 키우는데 모두가 필요한 고마운 시간들에게,
이제 위대한 인생의 시작 앞에 한껏 복을 받게 하소서.

태명인 탁구에게

작고 연약한 생명을 보며 위로를 받습니다.

아름답게 관여하고 싶어 하는 할머니의 기도로
아가의 몸에서 환한 빛이 나게 하소서.
관심과 사랑을 만나
순한 영혼 반짝이어 눈부시게 하소서.
천상지복의 새로움이 열려
그저 행복 하라는 한 가지 기도이게 하소서.

사랑하는 손자 태어나 닷새 되는 날에 띄우는
할머니의 기도.

- 2011. 3. 17.

마음 하나

몸이 마음에게 기울어지는 때가 되었나 보다.

믿기지 않는 나이 61세가 되었다. 환갑이라는 단어에 배신감을 느끼면서도 후반전의 시작이 뿌듯해지고 자신감으로 차오르는 심정은 또 무얼까. 경험 부족했던 전반전에 반환점을 돌아 인생의 아름다움이야말로 60부터일 거라 믿기 때문이다.

마음 하나, 상상으로 열어본다. 만약에 나에게 대통령직이 주어진다면 하는 상상이다. 나라 일도 가정에서부터이고 국정을 다스리는 일과 가정을 이끌어가는 일과 무관하지 않다는 점에서다. 대통령이 하는 일과 내가 하는 일이 다분히 일맥상통 한다면 지나친 무리일까.

올해 여성 대통령이 집권하면서 북한 문제와 나라밖의 호응과 인기는 어쩌면 내 형편과 닮아있다. 북한을 대하는 정부의 대응 결단과 가정문제를 고심하는 나를 비교해본다.

핵폭탄 꺼내 엄포 놓기와 자신의 잘못을 남에게 전가시키는 적반하장이 김정은을 닮은꼴, 김정은 못지않은 남편이다. 대화로는 협상이 어려운 사람. 막무가내 밀고나가는 무모함이 닮았다. 사업하지 않았으면 좋겠다는 만류가 먹힐 리 없는 남편에게 '대통령이 나라를 포기하지 못하는 것'과 같이 '아내는 집안을 포기할 수 없는 것'이라고 주장하고 싶었다. 대치국면의 남북관계처럼 나라의 문제와 일치하는 집안 일 곳곳에서 하루도 방심할 수 없는 긴장이다.

북한에만 핵이 있는 게 아니다. 우리 집에도 핵폭탄이 시한을 기다리고 있다. 잘 되면 평화요, 잘못되면 전쟁이다. 북한의 핵을 그대로 두고 우방국이 아무리 많아도 무슨 의미인가.

대화만 이끌어 낼 수 있다면 위기가 기회일 수 있다. 문제는 대화와 신뢰다. 얼마나 이해하도록 대화를 하느냐, 옳고 그름에 매달리기보다 잘못된 습관은 고치는 게 마땅한데 잘못된 이유조차 모르는 사람 앞에서는 우려되는 점이 한 두 가지가 아니다. 명쾌한 답이 없어 여성 대통령에 비유해보지만 현명한 마음 하나 끌어내지 못하니 나의 부덕인가보다.

오늘따라 박근혜 대통령의 매력적인 외교 뉴스가 화면에서 눈부시다. 나도 '대통령 목걸이'에 '대통령 브로치'를 달고 온화한 미소를 지어 볼까. 우아한 한복 차림으로 가족들을 만찬에라도 초청해 볼까. 왜곡된 그를 멋지게 설득할 수는 없는지…….

대통령은 중국 칭화대 강연 연설 도중 정확하게 발음하기 위해 고쳐서 다시 말하며 미소를 잃지 않는다. "어렵고 힘들 때 수필을 쓰며 마음을 다잡아 견디어 왔다"는 내용도 있다. 그 수필집의 제목은 『결국 한 줌. 결국 한 점』 이었다. 내 마음과 같았다.

어느 날, 마음 정리하며 써놓은 메모에 환갑(Hwangap)이라 써 놓은 글이 있었다. "누구나 가질 외로움 / 떡과 갈비찜으로 차린 환갑상을 바라보며/ 이 넓은 우주에서/ 나 하나의 존재의 외로움을 느낀다./ 자식은 자식들대로 힘들고/ 나는 환갑이라서 외롭다/ 웃을 때 드러나는 눈가 주름/ 무거워지는 마디마디/ 마지못해 반기는 일상들/ 발 벗고 따라나서는 우울/ 영락없이 섭섭함이다/ 삶의 내용이 없어지는 걱정만 늘어난다." 첫 구절과 마지막 구절이 마음의 어느 구석을 건드린다.

지금은 자식을 품 밖으로 내 보내고 새로운 풍광을 둘러보고 있다. 나를 굽어보고 이즈음에 의무와 가치를 병행해야 할 때다. 힘세고 튼튼한 줄만 알았던 나에게도 세월 앞에서는 장사가 아니다. 내 인생도 파릇한 시절이 있었지만 무서운 건 시간이다. 아픈 데가 생기고 외로움도 생겨 오래도록 움켜쥐고 있던 헛된 것들을 놓으려 손을 펴기도 한다.

맑고 시원한 바람이 나뭇가지를 흔드는 오후다. 마음 하나 달리 먹으려 하니 초심을 손에 쥔 듯한 기분이다. 그래서 일까. 대통령의 사진은 거의 빠짐없이 모은다. 미소와 결단력을 닮아보자고. 정책과 리더십을 펼치며 담담하게 현실을 끌어가는 당찬 대통령의 눈빛을 닮으려고.

살면서 이런 상상, 이런 비유를 해 본 적은 드문 일이다. 한 여인을, 나라의 대통령을 이렇게 조용히 존경해 보는 것도 처음이다. 떠올리기만 해도 기쁘지 아니한가. 누군가 그랬다. “자존심이 그냥 자존심으로 품위가 그냥 품위로 남아있을 때 사랑은 설자리를 잃어버린다.”고.

잃을 것 다 잃고 마음 하나 붙들고자, 이제부터 몸을 마음에게 기울인다.

- 2013. 6

눈물 나도록 예쁜 손자들

행복의 씨앗들아,

할머니는 너희들에게서 축복, 즐거움, 웃음, 감사, 사랑 같은 눈부신 단어들을 터득했다고 자부하며 살아간다.

야무지게 말 잘하는 일곱 살 재인이, 웃니 아랫니 네 개나 드러내고 간신히 섬마섬마 하는 재현이,

번쩍 들어 올리면 실하게 자라 오르는 희망 무게 늘고, 한 번씩 안아볼 때 늘어나는 무게는 할머니의 기쁨이다. 할머니가 져 보는 이 짐은 점점 늘어나는 건강한 손자들의 인생시작이다.

태어나던 어린이날은 설렘이었고, 걸음마 시작할 때는 기쁨이었다. 달리던 날은 생동감이었고 아플 때는 생명력이었다.

둘 다 돌상에서 들어 올린 골프공처럼 단단하고 둥글게 살아가길 기원한다.

할머니 소리 처음 들을 때의 '행복의 충격'을 잊지 않으마.

할머니는 기도한다. 손자들의 숨결이 곁에 머물러 주기를…….

할머니는 감사한다. 건강한 모습과 무한 가능성의 희망을 보면서…….

재인이 재현이가 있어 집안이 든든하다. 거실이며 옥상이며 계단들이 다 흥성하다. 자식 낙으로 산다는 말이 나에게도 왔다. 언제나 그늘 쪽에서 세월을 쫓아가고 있는 듯 했는데 이제는 햇살 바른 쪽에서 앞서 세상을 맞는 기분이다.

사랑스런 보배들아, 사랑이라는 말을 다 퍼내고 나야 잡히는 그 환희, 하루만 못 봐도 보고 싶어 하는 할머니 마음, 손자 사랑에 눈 먼 사랑이 전부가 되었다.

2012년 어린이날은 특별한 행복감을 맛본다. 선물 받은 장난감처럼 할머니를 좋아하는 너희들에게서 할머니도 모르게 아픈 곳 모두 잊는다,

두 손자는 할머니의 재산목록 1호다.

-2012. 5

어버이날

나는 나의 어머니를 찾아 가고 자식들은 부모를 만나러 온다.

얼마 전 어머니 생신에 다녀오고 오늘 또 보고 싶어 다녀왔다.

연록빛 신록 세상을 어머니와 함께 보고 싶다. 그토록 좋아하시는 꽃 한 송이 놓을 자리 없는 납골당에서 머리만 숙인다. 기도만 한다. 어머니를 부르며…….

어머니, 아, 어머니, 어머니……. 자꾸 불러보는 어머니다. 어머니와 지낸 시간들은 기억에 남아 지나온 시간을 향해 손짓한다.

왔니? 하시는 어머니의 다정한 음성이 들린다. 눈물이 난다. 헤아릴 수 없는 심정이다.

저녁에는 자식들이 엄마 아빠를 위해 모였다. 사랑하는 아들들아 고맙다.

"엄마, 아빠, 이렇게 평범한 시간이 얼마나 좋아요. 사는 게 별거 있나요. 효도가 따로 있나요. 평생 엄마랑 아빠랑 함께 이런 시간 갖는 게 정말 좋은 거지요. 나도 이렇게 살고 싶어요. 나도 아이 하나 길러보지만 부모님 알아드리고 자식 잘 기르고 그렇게 살면 더 이상 좋은 게 없는 거 같아요. 우리랑 놀러도 나가요. 알았지요?" 얼마나 듣고 싶던 아들의 말이던가.

당연한 것일수록 고마운 것이 많다. 심정을 에둘러 말하는 자식이 주름을 지운다. 나이 들어보니 자식이 의지가 되고 소소한 것들에서 행복을 느낀다. 그 때문일까. 오늘처럼 가족들이 옹기종기 모여 맘에 둔 소리 꺼내고 둘러 앉아 밥을 먹고 함께 있는 것이 의미다.

정(精)과 사랑이 있는 한 오늘만한 이런 시간이 가끔씩은 필요하다.

아들아, 집 대신 쉼터이기를 바란다.

- 2013. 5

두 분 가신 뒤

친정어머니가 돌아가시고 1년 뒤 시어머니마저 따르셨다.

두 분이 차례로 세상을 떠나신 것은 마치 세상에서 잡고 있는 마지막 끈이 끊어지는 것과 같았다. 고무줄이 툭 끊어지는 것 같았고 생명벨트가 풀어지는 느낌이었다. 통곡으로 보내드렸던 두 분을 회상한다.

친정어머니는 장한 어머니시다. 열 두 남매를 훌륭하게 길러 평생을 자식자랑으로 사셨다. 남보다 열두 배 부지런하셨고 열두 몫 사랑을 지녔던 분이다. 연로하신 나이에도 아침에 일어나면 곱게 단장하고 하루를 시작하신다. 누가 예고 없이 찾아와도 추한 모습 보이기 싫어서라고 하셨다. 평생을 가계부 쓰는 일은 빼놓지 않으셨다. 가계부에는 가족의 행사는 물론 12남매의 해마다 바뀌는 나이며 시대의 뉴스거리 까지 기록하셨다. 가계부 일기 쓰기는 자연스레 나에게 대물림되었다. 가지 많은 나무에 바람 잘 날 없던 우여곡절의 삶이 진정한 평안에 드셨을 때 나는 허무에 빠졌다. 2009년 1월, 92년의 세월이야기를 남기고 세상을 떠나셨다. 남기신건 묵주하나, 만감은 그리움만 더한다.

두 번째의 슬픔이다. 이듬해 2010년 8월, 89세의 시어머니도 가셨다. 이별이란 어느 계절에 와도 슬프지만 장마철에 가신 시어머니는 하늘의 눈물과 사람의 눈물이 합친 듯 억수비가 퍼붓던 날이었다.

시어머니는 종가의 대들보이시다. 누구에게라도 음식 나누어 주기를 좋아했다. 밭에서 기른 푸성귀나, 감자, 콩 등을 거두어 아낌없이 이웃들과 나누었다. 직접 만든 묵이며 손수 빚은 술들을 넉넉히 나누어 먹는다. 이웃들은 송구스러워 계란이며 요구르트, 양말 등, 소소한 일용품들을 답례로 보내왔다.

아들만 넷을 둔 시어머니는 가부장적 명령 속에서 한 생을 보냈다. 가부장제는 종가에서 허투루 할 수 없는 법도이다. 완벽한 지배력이다. 지배력은 전통이라는 이름으로 불평등을 당연시했던 그 시대였다. 서슬 퍼런 어른들을 비켜 사느라 '송곳니가 방석니' 되도록 견디어 내신 시어머니다. 존경과 덕망을 받기에 충분했지만 갈고리에 걸린 지렁이 신세와 무엇이 다를까. 당신을 누르던 팔자가 그랬다. 그러나 팔자 앞에서 주눅 드는 일은 없었다. 한이 두터웠던 시어머니가 세상을 떠나셨을 때 눈물밖에는 드릴 게 없었다.

시어머니는 곧고 카랑카랑한 여장부였다면 친정어머니는 정이 많고 자상한 어머니였다. 두 분 어머니가 나에게 하는 말씀은 한결 같았다.

"참고 살아라. 달다고 삼키고 쓰다고 뱉지 말고 무조건 참아라. 살다보면 편한 날이 올 거다. 그저 참고 살다보면 좋은 날이 올 거다."였다.

시어머니나 친정어머니 모두 전형적인 한국의 어머니상 그대로 '희생의 본보기'다. 외로웠던 두 분을 사랑하고 그리워한다. 어려운 시대에 자식 낳고 삶을 희생하여 자식세대와 엇나가는 의견도 있었지만 생각하면 다 옳은 방식이고 고개를 끄덕이게 하는 '영원한 지침서'이다.

오늘 장을 담그려하니 시어머니 생각이 난다. 내가 해야 할 시어머니 노릇이 만만치 않아서다. 며칠 전에 며느리가 된장, 간장을 담그자고 했다. 기특한 생각에 그러자고 했는데 평생에 처음 해보는 장 담그기다. 내 살림에는 두 어머니가 미리미리 장독을 채워 놓으셔서 한 번도 장 담그는 일을 혼자서 시도해 본적이 없던 터였다. 할 수 없이 친구를 불러 일일시모를 청했더니 친구는 흔쾌히 담당해주었다.

메주는 미리 사 놓았다. 몇 년 전에 메주를 쑤어 띄우다가 중도에 썩어 버린 기억이 있기 때문이다. 볕 좋은 옥상에 장항아리를 씻어 준비하고 하루 전날 약수를 길어다 소금물을 풀었다. 염도를 맞추기 위해서 계란하나 띄우고 500원 동전 크기만큼 올라

오기를 가늠한다. 한 말의 메주에 소금물 한 말을 붓고 그 위에 마른고추 5개, 달군 숯 5덩어리, 통깨를 얹고 위생뚜껑을 덮었다. 유리로 덮은 뚜껑덕분에 아침저녁으로 여닫는 번거로움은 없어졌다. 외출했다가 소낙비가 후두두 갑자기 떨어져도 굳이 잰걸음을 서둘러야 할 낭패도 없다. 편한 세상이다.

친구는 허리를 펴며 '장 담그기가 제일 쉽다'고 한다. 엄두를 못 내던 나에게 한 가지 살림을 가르쳐 준 친구에게 고마웠다. 그 고마움 없으면 장맛이 무슨 맛일까.

나도 허리를 펴고 하늘을 본다. 그곳에서 맑은 기운이 화답한다. '된장 담그고 나면 제일 큰일 한 거다'하시며 잘했다고 칭찬해 주시는 두 분 어른의 정 담긴 기운이 내게 온다.

평생 내 것이라고는 가져본 일이 없는 시어머니는 오로지 장독 항아리만은 자신의 것이었다고 하셨다. 된장과 간장에도 특권의 소유가 배어 있어서일까. 어머니의 숨결이 함께 흐른다. 자연식품만을 먹이려했던 가족 사랑을 끌어안는 모성애가 대를 잇는다. 우리 고부간은 오늘 부자가 되었다. 서로 배우고 가르치면 몇 배로 돌아온다는 풍요의 의미를 느낀다.

잃어져 가는 것들 속에서 이어져가는 것들을 되새겨보며.

- 2011. 2

언니는 장로님

언니가 영락교회 장로에 선출되었다는 소식이다.

짐작이야 했지만 소원하던 일이 이루어지니 얼마나 자랑하고 싶은 일인가. 샘솟아 오르는 축하한다는 말을 전하고 싶어 꽃바구니 들고 한걸음에 다녀왔다. 열망과 숙원 끝에 오른 자리, 빛나는 이름에 다시 한 번 축하한다. 그동안 바삐 사느라 세월만 보낸 느낌이었는데 언니의 튼실한 열매를 보면서 성실과 근면이 결실과 완성을 이루는 근원이었음에 박수를 보낸다. 감동과 감사한 마음이 넘친다. 어려움 딛고 일궈낸 자리 뒤에는 곳곳에 힘든 일들이 많을 텐데 걱정이 앞선다. 감당해야 할 더 많은 걸 생각하면 언니가 안쓰럽기도 하다.

하지만 큰 교회에 한 몫을 해 낼 수 있을 것이다. 살아온 꿋꿋함으로 사랑을 펼칠 것이다. 깊은 신앙심으로 '존재의 빛'을 보여줄 것이다.

'헌신적인 자식 사랑'과 빈 터에서 쌓아올린 땀의 결실처럼 약한 듯 힘이 있고, 모른 척 지나쳐 주는 일에 뚜렷한 메시지가 있는, 그래서 외유내강을 지닌 언니이기 때문이다.

늘 푸른 나무처럼 마음의 푸르름을 넓혀가며 신앙을 기름지게 하는 삶은 언니의 영혼을 단단하면서도 유연하게 승화시키는 천복의 길을 가고 있음이다. 감히 상상도 못할 열정으로 신앙의 세계를 체득하는 모습에서 언니의 지혜가 아름답다.

여성 대통령의 취임을 앞둔 시기에 여성 장로가 되어 의미를 더하는 언니가 자랑스럽다.

사람은 누구에게나 보이지 않는 힘이 있다. 보이지 않는 힘은 자신에 대한 믿음이며, 자신의 일생에 감사할 줄 아는 모습이다. 언니를 보며 느낀 역동성이다.

'윗자리에 있다는 건 외로움을 안다는 것'이라 했으니 사람을 대하는 태도가 정성스러워야 함은 물론이다. 더 낮아지고, 보듬을 줄 알고, 넓은 품으로 더 밝아져야 한다. 높은 곳보다 낮은 곳을 살피고, 내치기보다는 안아야하고, 달래며 눈물이기 전에 웃음으로, 모두에게 다가서는 언니이길 바란다.

절차탁마(切磋琢磨)라 했다. 옥이나 돌을 다듬어 빛을 낸다는 뜻이다. 언니의 걸음걸음에 이 말을 새겨 장로의 이름값에 빛을 더하길 바란다,

언니 파이팅. 건강하길 바라며…….

- 2013. 2

동창생

낮 기온 33도, 무덥다.

동창 친구의 자녀 결혼식에 참석하기 위해 오산에서 모였다. 12명이다. 교장 선생님과 공무원, 사업가 몇몇, 자영업, 각자의 자리에서 성실하게 열심히 사는 친구들이다. 저마다 나이테처럼 쌓아온 삶에 내공이 물씬하다.

언제 만나도 반가운 내 동무, 내가 그들을 얼마나 사랑하는지, 이루지 못한 꿈과 사랑을 간직하며 세월은 많이 흘렀다.

보고 싶은 얼굴들이 몸이 아파 나오지 못했다. 짧은 시간에 숨어드는 고향 소식과 고향 사투리가 무지 정겹다. 이름조차 잃어버린 흑백영화처럼 아련한 친구들을 회상한다. 나이 들어 슬프지만 순수함은 그대로다. 순수의 불꽃은 꺼지지 않고 추억은 피어오른다.

쪽빛 하늘 아래 갈대는 여우 털빛으로 변해가고 바닷물 반짝이는 모래밭 거닐던 서천의 해변, 해안 따라 십리 길을 걸어도 하나도 힘들지 않던 그 시절이 엊그제 같기만 하다. 주름 속에 피어나는 친구들의 순진무구한 웃음에서 아름다운 한 그루씩의 나무를 보는 듯 했다.

고향을 떠나 서울에 산 지 40여 년, 세월의 무상일까. 소꿉친구들의 안부가 궁금한 탓일까. 어릴 때 친구들을 만나면 어느새 그들에게 물처럼 스며든다. 나는 늘 고향을 향해 있고 기다림과 그리움에 목이 마르다. 아름답고 쓸쓸한 고향집이 고향 바다처럼 잔물결로 반짝인다.

논 한 복판에 아파트가 들어서서 낯선 타관 같다지만 우리의 어릴 적 풍경은 그대로 울렁울렁하다. 수없이 되돌려 보는 고향 풍경은 여전히 그리움이다. 고향은 총총한 추억의 연장 - 작은 기척에도 달려가고만 싶다.

식사 후 담소를 나누는 서너 시간은 추억하는 이야기와 나이 듦에 대한 염려를 공유하는 소중한 시간이었다.

반갑다. 그대들이여,

오늘 이 한 마디를 하기 위해 우리는 만났다. 그대들 만나면 세상 걱정 말끔해지고 아픈 몸에도 날개를 단다.

끈끈한 우정의 진수를 느끼며 다시 서울로…….

- 2013. 6

내일

모기와 하루살이가 저녁 늦게까지 놀다가 헤어질 때가 되었다. 서로 인사를 나누는 중 모기는 하루살이에게 '내일 또 만나서 놀자'라고 했더니 하루살이가 '내일이 뭐냐'고 물었다는 얘기가 있다. 하루살이에게는 본래 내일이 없으므로.

옛날에 본 영화중에 북소리(Drumbeat)라는 서부극이 있었다. 곧 사형에 처해야 할 인디언 추장이 잡혔다. 사형 절차를 밟기 위해 목사에게 마지막 기도를 받게 했다. 그 자리에서 목사는 "천국은 푸르름이 있는 곳이며 영원한 안식처이며……."라고 추장의 머리에 손을 얹고 기도한다. 다 듣고 난 추장이 말하기를 "천국이 그렇게 좋은 곳이냐. 그러면 나는 가기 싫으니 당신이 내 대신 가 줄 수 없느냐"고 묻는다. 그러자 "나는 아직 갈 때가 되지 않았다"하고 황망히 사라지는 장면이다.

최근 읽었던 혜민 스님의 『멈추면 비로소 보이는 것들』에서는 "내일이 있다는 사실을 가다듬을 수 있는 시간을 가져보라,

또 지금 마음이 복잡하고 갈등하고 있다면 잠을 푹 자고 내일이 오면 그 문제가 달라 보인다."라는 이야기가 있다.

현실적인 당장의 내일이 우리에게 없다고 한다면 종교의 내세관이든 윤회 사상이든 인과응보 사상이든 그 무엇을 강조한다해도 한없는 무질서와 건잡을 수 없는 구덩이로 빠져들 것이며 엄청난 불행이 전개될 것이다.

5월에는 이런 내일이 있다. 내일을 상징하는 사랑, 평화, 존경, 이상, 생명, 희망들을 집합시켰다. 그를 위한 기념일들이 있고 저마다의 이름이 붙여진다. 그러나 5월에도 자신의 본분을 망각하며 불화를 저지르고 배은망덕하며 내일이 없는 일들이 참으로 많다. 무엇인가 내일을 위한 충실한 삶들이 갈수록 적어지는 것 같아 슬퍼진다. 푸시킨의 시처럼 "사람은 그래도 내일에 사는 것이니……. 태양은 어제를 감추고 내일을 위해 다시 떠오를 것이다."

나에게 내일이 있다는 것, 그것만으로도 축복이다.

- 2010. 5

혼자가 아닌

꿈을 꾼 것만 같다.

목소리를 낼 수도 없을 지경까지 가는 데는 10분이 채 걸리지 않았다. 빙글빙글 돈다. 정신이 나갈 정도로 토했다. 온 몸이 축 늘어진다. 천장도 벽도 책상도 나를 향해 덮쳐왔다가 멀어졌다를 반복한다. 앉아도 누워도 세상이 돈다.

아이들한테 알려야 했다. 네 발로 기어서 겨우 전화기를 찾았다. 글자가 보이지 않는다. 숫자를 누르려하니 별표가 눌러지고 우물정자를 찍는다. 엉뚱한 곳만 누르다가 그만 두었다. 도저히 눈을 뜰 수가 없다.

천신만고 끝에 큰며느리와 통화가 되었다. "엄마 죽을 것 같다. 빨리 와"하고 전화를 떨어뜨린다. 메아리처럼 잦아들더니 실신한 것 같다. 목에 차오르는 것들이 아득해진다.

"왜 그래요, 왜 그래요 엄마."하는 소리가 아득했다. 엄마라고 부르는 며느리 목소리가 멀리서 들린다. 죽을 것 같은 상황에 며느리가 왔다.

탈진한 몸으로 응급실에 실려 갔다. 수액 링거를 꽂고 피를 뽑는다. 피마저 잘 나오지 않는다. 혼수상태에서 심전도, 씨티 촬영, 엑스레이를 찍는다. 신경과 전문의가 눈을 뒤집어 본다. 전정관에 바이러스가 침투한 경우라 한다. 이비인후과에서도 급성 전정관염이라 한다. 방향 감각에 이상이 생겼단다. 어지럼증은 느닷없이 찾아왔다.

혼돈, 혼미의 일주일이다. 일주일을 가만히 뉘어놓은 내 몸은 등뼈가 우선 아프다. 하루하루는 아무렇지도 않은 듯 잘도 가는데 몸의 증상은 엉망이다. 어지럼증아, 나를 좀 비켜가 다오.

가족들에게 미안했다. '가족보다 더 따스한 언어는 없다'는 말이 어지럼을 회복시키고 있다. 회복은 더디고 시간은 나에게만 더디다. 건강의 절실함이 밀려온다. 아직은 누워만 있을 때가 아닌데 하는, 나이 들고 건강 잃으면 아, 이게 아닌데 하면서 도대체 무엇을 향해 그렇게 열심히 가고 왔던지 모를 일이었다. 몸에 무리가 오고, 균형을 잃는 건 쉬라는 예고다. 몸의 밸런스를 맞춰줘야 한다.

세상은 고요하고 느려졌다. 초저녁부터 자는 잠은 꿈도 없이 달다. 눈뜨면 다시 어지러워지는 증상이다. 어지러운 나는 마음까지 쓰러져 있다. 걸음걸이가 느려질 수밖에 없다. 걸음걸이가 느려지는 것은 매사를 조심하라는 뜻일 텐데…….

어제는 5살 손자가 왔다. “나 요즘 속상해요”라고 한다. 할머니가 어지러워 자기가 너무 속상하단다. 재인이의 엉뚱한 어른스러움에 놀랐다. 어떻게 그런 표현을 다 할까. 오늘은 조심히 걷는 걸 보고 “할머니가 잘 걸어서 나는 감동했어요.”한다. 눈물이 날 뻔했다. 손자의 힘이 이렇게나 크다.

겉모습은 나아졌지만 여전히 부스스한 채 “시계바늘처럼 돌고 돌다가 가는 길을 잃은 사람아”하는 노래가 먼 곳에서 들린다. 잃은 길 찾을 수 있을까 하는 마음에 병원에서 처방 내린 대로 운동에 전념한다. 전정 기능 회복운동 치료방법이다.

왼쪽과 오른 쪽에 있는 물건을 번갈아 쳐다본다.

위쪽과 아래쪽에 있는 물건을 번갈아 쳐다본다.

머리를 좌우로 위 아래로 돌린다.

앉은 자세에서 일어섰다 다시 앉는다.

앉은 자세에서 일어나면서 왼쪽으로 돌아선다.

반대 방향으로 돌아선다.

팔을 정면으로 뻗은 후 집게손가락을 펴고 손톱을 펴면서 머리를 좌우로 돌린다.

손과 머리를 같은 방향으로 움직이면서 시행하고 다시 반대 방향으로 시행한다.

앉은 자세에서 몸통을 좌우로 번갈아 옆쪽으로 굽혔다 다시 일어난다.

주시 운동과 머리를 움직이는 운동은 1분 이상 지속 시행한다.

서서 움직이는 운동은 넘어져 다치지 않도록 벽이나 다른 사람의 도움을 받는다.

주시와 머리를 움직이는 운동을 쉽게 여겼는데 그리 쉽지는 않다.

가는 해를 정리하는 12월이 되었다.

아프지 말자. 혼자가 아니다.

- 2010. 12

하나님한테 대들지 말고

친구가 이른 아침에 향긋한 머위 순을 가져왔다.

별 것은 아닌데 전부인 것 같은 고마움이 곱다. 살펴주는 것이 영락없이 언니 같기도 하다.

그 친구와 어제 만나 실업 급여 문제를 의논했었다. 회사가 폐업했단다. 직원이던 그녀는 다만 몇 달이라도 생활비에 도움이 될까 해서 실업급여 신청을 해야겠다고. 그런데 막상 가보니 다른데서 문제가 생겨 대상에서 제외됐다. 밤새 뜬 눈으로 세웠다고 한다.

'나에게는 그런 운도 없어. 지금 새벽기도 다녀오는 길인데 하나님한테 처음으로 대들었어.'

엎친 데 덮친 격으로 남편 사무실도 옮겨야 될 사정이 생겼단다.

며느리는 세 번째 아이를 갖게 되어 입덧이 시작되었고 잠시라도 살림을 돌봐줘야 할 형편 이라고 한다. 편히 쉴 날 없는 친구다. 곧 내 모습이다. 어떠한 근심과 걱정들도 지혜롭게 잘 덜어내는 성미다. 잊었던 내 모습이다.

눈부시게 떠오르는 아침 햇살이 밥그릇 위에 쏟아진다. 친구가 준 머위를 초고추장에 찍어 아작아작 씹으니 혀에 착 감긴다. 정갈하고 알싸한 친구의 우정이 함께 오물오물 넘어간다.

친구의 힘겨운 일상에 응원을 보내며 보약 같은 머위 나물 한 접시가 기운 돋는 영양제가 위로제가 되었으면 좋겠다.

친구야, 몸에 좋은 머위가 쌉쌀하다. 나물 중에도 쓴 맛 나는 나물이 몸을 튼튼하게 한단다. 머위는 그늘지고 눅눅한 곳에서 잘 자란다. 겨우내 꿋꿋하게 추위를 이겨내고 봄이 되면 쑥쑥 자라는 머위처럼 어떤 난관이 있더라도 견디어 내자.

하나님한테 대들지도 말고.

- 2013. 4

제3장. 암혈에 눈비 맞으니

종손은 타고난 숙명이다. 가위 바위 보를 하거나 제비뽑기해서 종손 자리에 있는 건 아니다. 남모르게 뜬 눈 세운 날들은 마음에 점하나 찍고, 원만히 해결되길 소원하던 3년여, 소나기가 멈춘 듯 오리무중의 날들이 저 편으로 사라진다. 오랜 세월 켜켜이 쌓인 반목을 접고 윗세대와는 다른 부드러운 여생을 살았으면 좋겠다. 대오각성, 심기일전의 각오로 '대를 잇는 효'를 다 할 것이다. 꽃이든 사람이든 어려운 환경을 극복하는데서 향기로울 수 있다.

아버지 생각

빛바랜 편지 한 장에 시 같기도 하고 일기 같기도 한 글,

아버지의 시, <망처가亡妻歌>다.

그대와 이십 사년 가을까지 살았네.
나이 마흔 세 살을 지내지 못하고
산고 있어 정신 놓으니
만 번이나 당신을 불렀건만
영영 대답이 없네.
눈앞에 일곱 자식 엄마 부르는 소리
하늘도 울고 땅도 울고 만물이 다 울었네.
늙으신 아버님 탄식 끊이지 않고
늙으신 어머님 원통한 눈물 쉬지 않고 흐르네.
위로 노부모 모시고 아래로 어린 자식 기르자니
창자가 끊어지는 슬픔

당해보지 않고는 모르네.

정신없는 지애비 하늘을 우러러 크게 우네.

언제쯤 글이었을까. 아내와 사별하고 홀로 계시던 아버지의 세월을 느껴본다. 숨 한 번 들이켜고 끝까지 읽어내려 갈 수 있는 시다. 아픔의 순간에 아버지는 시 한 편을 남기셨다.

아버지! 그 당시의 심정이 그대로 녹아있는 이 시를 내가 간직한 것은 '문인의 길을 가라는 아버지의 계시가 아닌지?'를 마음에 담고 글을 쓴다.

나는 누구보다 아버지를 존경한다. 돌아가신지 20년이 지난 지금도 마찬가지다. 190cm의 키에 체중 100kg, 거구의 체격에 곧은 어깨와 바른 걸음이 보는 이들을 압도했다. 단지 외모에서 그런 건 아니다. 내면의 굳건한 생활에서 그만한 이유를 더한다. 일제 강점기에는 일본 사람들과, 6.25 전란을 겪는 동안에는 공산군들과 맞서 살아남으셨다. 한 맺힌 아버지의 탄식과 태산처럼 버티는 아버지의 위용은 피할 수 없는 현실이었다. 굴곡과 상처의 시대, 위기의 나날, 짙은 안개 속에서 헤매던 시절, 아버지의 말 한 마디는 곧 규범이었고, 정신이었고, 흐름이었다. 식량이 모자라던 그 시절에 어느 집에선 술을 빚고, 어느 집에선 떡을 해 먹는 집이 있어 그들에게 '아껴서 다 함께 나누어 먹는 자세를 유도해 내면서 분열을 막는 일'은 고을의 아버지 같은 존재였다.

또한 '자식에게 재산을 물려주면 누군가에게 빼앗길 수도 있지만 재산을 털어 공부시켜 놓으면 어느 누구도 빼앗아 갈 수 없다'는 신념이 아버지의 교육철학이셨다. 이는 재산이며 하물며 집에 있는 괜찮은 물건들까지 모조리 약탈당하면서 얻은 교육이념이었다.

아버지의 높은 교육열로 12남매에 검사, 변호사, 의사, 교수, 교사, 문인을 배출했으니 아버지는 소원을 이룬 셈이다. 자식들의 성공이란 그늘에 가려진 아버지의 땀 흘리시던 모습은 긴 그림자를 드리운다.

소원을 이루는 과정에서 기쁨만큼의 아픔이 있고 고달픔이 있고 슬픔과 서운함이 왜 없었을까. 농사 중에 가장 어려운 것이 자식 농사라는데 열 두 권의 소설처럼 한 자식 한 자식에게 책을 한 권씩 쓰셨던 아버지가 존경스럽다. 온갖 어려움을 극복하고 남의 집에 비해 몇 배나 많은 자식들을 편애 없이 가르치고 제 길을 갈 수 있게 등불을 밝혀주신 아버지 모습을 생각하면 그저 감사하고 정말 꿋꿋이 살아야겠다는 생각이 든다.

초등에서부터 대학생까지 우리 집은 학생이 끊이질 않았다. 오빠, 언니, 동생들의 졸업과 입학이 쉬지 않고 이어졌다. 그 많은 등록금들을 어찌하셨을까. 시골에서 농사만으로 학기마다 대학, 중, 고생의 등록금 마련에 얼마나 고심하셨을까만 한 번도 날짜를 어긴 일이 없었다. 우선 등록금을 마련해 놓고 그 다음이 먹고 사는 일이었다.

동기간 많으면 싸움도 할 테고 재미 또한 많았던 성장과정에서도 아버지는 매 한 번 든 적이 없으시고 말씀으로 눈물이 쏙 빠지도록 혼을 내셨지 회초리 한 번 들지 않으셨다. 늘 어머니에게도 '매 한 번보다는 말 한 마디가 더 무서워야 한다.'고 하셨다.

질서교육은 단연 으뜸이었다. 토방위에 놓인 신발들은 족히 스무 켤레는 되는데 절대 흐트러지면 안 되었다. 대농가의 수많은 농기구들도 제자리에 있어야했다. 지게는 지게 놓는 자리에, 호미는 호미 자리에 있어야 한다. 물건 찾을 때는 한 밤중에도 그 자리에서 찾아올 수 있어야 했다. 넓은 앞마당 뒷마당에는 사철 꽃과 열매들의 정원이었고 잡풀 하나 없는 깔끔한 농가주택이었다. 아버지가 뿌려놓은 교육관의 씨앗이 나에게도 자란 듯하다.

항상 엄하신 아버지는 약주만 드시면 기분이 좋으셨다. 약주 취해서 기분이 좋으신지 기분이 좋아 약주를 드셨는지 모르지만 불그레한 얼굴에 얼큰한 기분이면 '갑돌이와 갑순이'를 부르신다. 그런 날이면 이웃에서는 '어르신이 좋은 일이 있으신가'하며 함께 즐거워했다. 내가 술 마시는 법도, 살림하는 면도 아버지의 영향을 많이 받았다. 가장 따뜻하고 기분 좋고 새로웠던 순간에는 늘 아버지가 계셨다.

아버지에게 사랑스럽고 명랑한 막내딸로 자란 나는, 비오는 날에는 머슴을 학교에 보내 우산을 건네고 개울물이 불어날 때는 등에 업어오도록 일러 보내시는 아버지이셨다. 눈이 많이 올 때는 신발에 새끼를 묶어 주시고, 목도리를 챙겨주시던 자상함이 있었다.

양지와 음지를 가려주시는 어머니의 품속에서, 아버지의 넓은 그늘에서 구김 없이 살아온 내가 그 은덕을 갚아드리지 못한 채 두 분은 명(命)을 다하셨다. <그대 몸이 소중하거든 부모 은덕 생각하고, 가신 후에 후회 말고 살아생전 효도하라>는 효가(孝歌)의 한 부분이 간절하다. 아버지의 외로움을 달래드리고 그 앞에 놓인 일곱 자식들과 자신이 낳은 다섯 자식들을 헌신으로 갈러내신 내 어머니가 세상을 떠나시던 날, 나는 명치끝이 아려왔다.

요즘 아버지의 무게를 더 느낀다. 아버지에 비하면 참으로 보잘 것 없는 자식 교육, 참으로 하찮은 살림살이에 끙끙거리는 나 자신인데도 아버지를 가장 많이 닮은 것 같다. 가지 많은 나무에 바람 잘 날 없던 한 세월을 희생으로 보내신 아버지를 보고 싶어도 볼 수 없는 지금, 아버지가 남긴 글 한편에 내가 멈춰 서있다. 핏줄인가. 내가 글을 쓰며 작은 보람을 느끼는 것도 아버지의 글처럼 다른 사람이 읽고 나서 한 번쯤 생각해 보고 그럴 수 있겠다며 고개를 끄덕일 때다.

얼마 전, 흑석동 성당에 어머니를 뵙고 오는 길에 아버지가 마지막 계셨던 안암동 고대병원에 아직도 계신 듯한 아버지께도 문안인사 드려야 할 것 같은 느낌이었다. 마지막 순간까지 병원신세 지지 않고 주무시는 듯 누워 계시다가 5분 만에 숨을 거두신 아버지이셨다. 마지막 편안한 모습이 눈에 선하다. 남들은 입을 모아 '죽음 복 타고나셨다.'고 했다.

아버지의 시가 씁쓸하고 아프게 읽혔다.

- 2012. 10

섣달 그믐날

설날은 좋지만 불편한 것은 싫다.

가족이 모처럼 오붓한 시간을 보내야 할 오늘, 매서운 추위 때문에 설 날 아침에 모이기로 했다.

가문에 없는 '이 느닷없는 자유'에 대해 의미는 다르게 느껴졌다. 종가의 설 풍경이 이렇게 한적해도 되는지. 이 한적함도 넉넉하니 어쩌랴.

자유와 종가는 어울리지 않는다. 종가의 설 전 날은 품위와 내력, 북적임이란 단어가 어울린다. 나처럼 소심하고 비겁한 주인공의 종부는 '내가 묶여있는 자유의 줄'과 '집 안에 묶여있는 그 줄'을 분간도 못하는지. 아니면 나에게 묶여있는 줄을 잘라내고 싶어 며느리들의 줄을 풀어주어 해방감을 맛보는 거 아닌지.

스스로 내켜서 하는 일과 의무로 하는 일 사이에서 벗어나 결정은 내렸지만 막막한 자유로움에 마음이 편치만은 않다. 각자 일 분담이라는 명분 아래 한 집에 모이는 걸 배제하고 음식 한

가지씩 해 오는 걸로 대신 한다는 자체가 마치 된장찌개 뒤 후식으로 나오는 슈크림 빵처럼 낯설고 어색하기만 하다.

빈자리가 생기면 채워지는 거겠지……. 잃은 게 있으면 그만큼 터득하는 것도 있겠지……. 자존심 자부심마저 내려놓으니 마음은 편하다.

시어머니의 결정권이라는 잣대로 무례함을 저지르는지 걱정이다.

- 2013. 2

오이지 예찬

먹을 것 많은 요즘, 유난히 오이지를 좋아하는 남편이다.

꼬들꼬들한 오이지 몇 개 꺼내 얇게 썰고 통 마늘 다지고 파를 넣고 물에 담가 통깨와 얼음을 띄워 밥 한 술 뜨기 전에 한 모금 먼저 들면 얼마나 개운한지……. 서늘하고 칼칼한 맛에 속이 후련한 여름철 음식이다.

오이지 냉국과 오이지무침은 세월을 이어온 기호 음식이다. 그러다 보니 봄부터 여름까지 밥상에서 빠지지 않는 우리 집 메뉴이다. 오랫동안 사랑 받으며 변치 않는 입맛을 이어오는 데는 두 분의 오이지 손맛이 으뜸이다.

시어머니 계실 때는 봄 김장 하듯이 오이를 참 많이도 절였다. 항아리에 오이 가득 담아 소금 물 간 맞춰 붓고 돌 하나 꾸욱 눌러 놓으면 가을까지도 꺼내 먹기 좋았다. 흔히 볼 수 있던 친근한 밑반찬이었는데 그 옛 맛을 제대로 전수 받지 못하고 시어머니는 떠나셨다. '보리방아 찧을 때 되면 시어머니 생각난다'

는 옛말처럼 오이지 맛이 그리울 때 시어머니 생각이 난다. 맛은 기억을 불러온다.

이심전심일까. 둘째 사돈댁 사부인의 오이지 솜씨가 일미다. 싱싱한 오이를 구하는 것에서부터 익은 맛과 보관하는 질감까지 시어머니의 손 맛 그대로이다. 어쩌면 옛 어른의 깊은 맛을 사부인은 그대로 이어오고 있을까.

오이 하나가 재료인 단순 요리이지만 결코 쉽게 만들 수 없는 그리운 반찬이다. 아무리 쉬워도 힘들고 중노동이다. 소금 간을 맞춰야 하는 정성과 시간을 알맞게 기다려야 하는 과정이 필요한 손 정성이다.

알맞게 간에 절어 누렇게 잘 익은 오이지를 꺼내 물에 헹굴 때 올리고당 한 방울 넣고 씻으면 아삭아삭 야들한 맛이 식감을 더 한다. 꼬옥 짜서 고춧가루와 다진 마늘, 파, 통깨, 들기름을 넣어 조물조물 무친다. 사부인의 비법중 하나이다. 평범한 재료로 맛 깔 나는 음식을 만드는 이가 진정한 고수다. 적어도 일 년에 절 반의 밑반찬이요, 가을이 익어서 김장할 때까지의 밑반찬이다.

수고에 담긴 맛은 사랑, 배려, 정성이 자연스레 배어들어 맛을 더한다.

혈관 깨끗하게 하는 폴리페놀이 들어있다는 건강 음식 오이지를 알고 먹으니 사돈께 더욱 감사한 마음이다.

그러고 보니 오이지 예찬을 하다가 사돈 예찬이 되었다.

얼마 전에 보내 주신 오이지 한 통은 어느 때보다 연하고 감칠맛이 있다. '마음에 있지 않으면 보아도 보이지 않는다'고 했듯이 사돈 위해 보내오는 오이지의 손길은 마음으로 보내주신 음식이어서 백 배 더욱 귀하다. 오이지에 대한 애정을 쉽사리 끊지 못하던 남편은 먹을 때 미안해하고 자랑스러워한다.

어디 오이지뿐이랴. 사돈은 세상에 어려운 사이라는데 체면으로 남들이 살아갈 때 우리 사이는 뜻이 맞는 친구가 되어간다. 흉허물 없이 속내 다 보이며 살아간다. 평범하고 다정하게 배꽃처럼 웃고 살아가는 시간들이 얼마나 아름다운 여정인가. 지금은 편안히 주고받는 소소한 선물들에서 정을 느끼는 것도 사부인의 속 깊은 따뜻함이 함께 전해오는 이유다. 이런 오가는 정을 몰랐다면 인생의 재미를 절반 밖에 모르고 갈 뻔 했다.

6월의 끝자락, 박근혜 대통령은 중국 순방길에서 "심신지려(心身之旅)"라는 말을 남겼다. '마음과 믿음을 쌓아가는 여정'이라는 뜻이다.

오늘 받은 오이지 선물을 대신해 안사돈께 전할 수 있는 고마움은 박대통령과 한 마음이다.

올해도 안사돈에게 오이지 신세를 진다.

- 2013. 6

충청문학상

고향에서 주는 충청문학상을 수상하게 되었다.

두 번째 수필집 『어머니, 저는요』를 발간하여 받은 상이어서 기쁘고 뿌듯한 순간이었다. "한국문학예술상"에 이어 받은 칭찬은 부끄러움과 함께 기쁨이었다.

상 받는 일은 주는 사람이나 받는 사람 모두의 행복이다. 내 이름자가 들어간 상을 받는 다는 건 운이 좋은 일이기도 하다. 가까운 사람들로부터 인정받는 일, 소박한 기쁨 하나 마음에 담고 사는 일, 상(賞)은 그런 것인가 보다.

훌륭한 문인들이 많은데 가당치 않은 선택을 받은 건 아닌지 하면서 축하 연회장으로 들어선다. 입구에서부터 시상대까지 꽃바구니와 꽃다발, 난(蘭)들이 '애정 증명'처럼 저마다 사랑을 품고 있다. 문학인들의 행사에 동참하는 성의가 넘친다. 상패를 받고 꽃을 받고 박수를 받으며 설레임에 벅찬 순간이다.

수상 소감을 말한다. 먼저 단상에 올라 선 원로 시인 두 분의 소감이 있은 다음 내 차례다. 미리 써 간 원고를 펼친다.

"써 온 원고를 읽는 것으로 인사를 대신하겠습니다."하며 마이크에 의지한다.

"충청도 끝자락의 서천, 잔잔한 바다, 거침없이 나는 새, 역동적인 고깃배……. 풍경은 그대로 시가 되고 음악이 되는 축복받은 땅 그곳에서 저는 태어나고 자랐습니다. 하늘과 바다 들녘이 모두 감동을 안겨다 주는 곳, 감동이 있는 인생의 출발지에서 제가 문학의 밑거름 말고는 무엇을 키울 수 있었겠습니까. 잎이 트고 줄기가 자라 꽃을 피울 때까지 고향의 토양만이, 부대끼며 살아온 삶에 안식처를 제공해 주었던 것만은 분명합니다. 그리고 제 나이 가을이 되어 아름답게 열매를 맺으려는 이 계절에 제20회 충청 문학상 그 고운 빛으로 물들여 주시니 무엇과도 바꿀 수 없는 소중한 기쁨입니다. 고향에서 주시는 의미 깊은 상을 받게 되는 감동은 오래도록 가슴에 머물 것 같습니다. 다시 한 번 이우재 박사님, 구인환 박사님, 성기조 선생님, 유상옥 선생님께 머리 숙여 감사드립니다. 감사합니다."

시처럼 낭송해 보았다. 미소 한 모금 머금고 자리에 앉는다. 뒷목을 타고 땀이 내린다. 갑자기 떨리고 불편했는지 모를 일이다. 남의 행사에 초대되어 축하 해주고 박수 쳐주던 때와는 달리 멍해질 줄은 몰랐다. 그럼에도 '햇볕에 춤추는 빨래처럼' 깨끗한 기쁨을 맛보고 있었다. '잘 익은 포도처럼' 향기 나는 나이고 싶었다. 행사 2부에서 축하연 자리가 이어졌다. 친구가 와서 등을 다독인다. "수고했다. 참 잘했어. 대단하구나."하며 축하한다. 가장 많이 응원해 준 이웃 친구는 손에 쪽지 하나를 쥐어준다. 집에 와서 펼치니 "친구야, 축하한다. 고맙다. 대견하다. 모든 어려운 여건 속에서도 굳건히 여기까지 와 준 친구가 고맙고 감사하다. 더 발전하고 멋진 모습 보여주길 빌께. 우리의 우정이 영원하길……."라고 쓴 격려에서 용기와 결심이 솟는다. 가족들의 축하의 말들이 기쁨을 더 한다. 앞으로의 가치를 '가족과 행복'에 두고 '글쓰기의 생활화'를 신조로 삼을 것이다.

새벽잠을 마다하고 글 쓰던 시간들이었다. 문학은 하는 만큼 성숙해 진다. 수필에만 머물지 말고 소설에도 사랑을 주고 싶다. 의지를 다지며 문학의 심취는 더해 간다. 고심과 노력에 다시 한 번 담금질 해보리라. 수많은 인생 다 살아볼 수는 없지만 다양한 글들은 써 볼 수 있지 않을까. 오랜 시간 붙들고 있었던 만큼 마무리 짓는데 대안을 좌고우면 해 본다.

과거보다는 신선해져야 한다. 시작을 미룰 이유가 없다. 한 곳에 전념하리라. 최소한 안타 하나는 치리라. 이런 다짐은 수상식 날 이후부터였다. 상을 받는 마음은 이런 기쁨과 각오를 얻는다.

가지고 있는 장점을 모두 살려보자.

- 2009. 10

암혈에 눈비 맞으니

강신, 참신, 초헌, 아헌, 종헌……. 일동부복으로 시 제사를 마친다.

종원(宗員)들이 함께 음복을 하며 일 년의 집안일들을 마무리하는 종회를 겸하기도 한다. 종회는 2007년 회기에 종가에 무례한 요구를 의결하기에 이른다. 부지불식간에 19대를 세거해 온 종터에서 종가를 밀어낸다는 결의다.

소통부재나 일방통행이 첫째 원인이다. 고지식한 어른들의 훈계는 멀리 하려는 젊은 세대들의 반란이었다. 그러다 보니 갈등은 필연적이다. 종회의 결정에 따라 물렁물렁 물러나야 하는 처지에 애꿎은 2008년의 2월은 늦추위가 극성스럽다.

"삼동에 베옷 입고 / 암혈(巖穴)에 눈비 맞아// 구름 낀 볕 뉘도 / 쬔 적 없건마는// 서산에 해 진다 하니/ 눈물겨워 하노라." 하는 조식(曺植)의 시조가 마음에 밀려든다.

난고 끝에 이사를 감행한다.

철따라 피는 꽃들과 새들, 마당에 잔디와 소나무들을 두고 우면동을 떠났다. 그리고 주택이 아닌 상가 건물에 훌쩍 올라앉았다. 이곳은 꽃들도 나무들도 새들도 입을 꽉 다문 곳이다. 흙길 대신 아스팔트길 걷기 5년이다. 표류인지 좌초인지 순항인지는 누구도 운운할 일이 아니었다. 넓은 바다의 물살을 가르며 순항하고 싶지만 거센 파도와 암초로 순탄치 만은 않은 항해의 예고다. 거친 바다에서 침몰하지는 말아야한다는 주어진 숙명에는 멈춤이 없다.

"북천(北天)이 맑다 커늘/ 우장 없이 길을 가니// 산천에는 눈이 오고// 들에는 찬비로다/ 오늘은 찬 비 맞으니// 얼어 잘까 하노라" 임제(林悌)의 시조는 나를 대신하고 있었다.

우연일까. 우면동에서 양재동으로 옮기던 날은 5백년 역사가 한순간 잿더미로 되어버린 '숭례문 불타버린 역사'와 '600년 대를 이어온 종터에서 밀려난 역사'가 운명을 함께한 같은 날이었다. 터전을 내놓고 우면동에서 떠나오던 날 그 하루는 나에게 하늘이 하는 일을 지켜보게 했다. 마치 숭례문 화제사건이 나의 밀려남과 같았으므로.

설상가상 둘째 아들의 결혼을 한 달 앞두고 금전문제 주거문제로 더없이 덜커덩거릴 때였다. 불 하나 끄면 넓은 황야에 나 혼자만 동그마니 남아있는 천애고아의 심정이었다. 어쩌자고 이씨 종가의 바다에 뛰어들어 짠물에 절어야 하는지, 새벽에 걸려

있는 초승달조차 슬픔인 것을 알았다.

양재동으로 거처를 옮기고 나서 집안 분위기는 가을 서리 같았다. 미처 짐 정리를 하기도 전에 제삿날이 왔다. 제수 음식 준비하기란 어려운 여건이었다. 나이가 말해주듯 몸도 고단했다. 어수선한데서 옹색하게 제수를 마련하여 올리기는 죄스러웠다. 하늘에서 조상님이 내려다본다면 무어라 하실까. 무엇을 아실까. 목덜미에 흐르는 땀을 알아챌까. 속마음에 흐르는 눈물이나 알아낼까. 괜찮다고 할까. 마음만 불안하고 불편했다.

조상님께 면목 없는 날이 이 뿐이던가. 죽어 마땅한 심정으로 그 무겁던 하루는 지나고 가까스로 명분을 지켰나 싶었다. 그런데 올 것이 왔다. 빠진 것도 많고 넉넉해야 할 음식조차 부족했으니 어른의 호령이 정수리에 떨어지는 건 당연지사다.

질책은 사람을 수동적으로 만든다. 제실에 음식만 올려 보낸 내 마음은 어느 누구보다 좌불안석인데 내 처지를 알 리 없는 집안 분들은 음복을 마치고 흩어졌다. 이 지경까지 몰고 온 어르신 중 누구 한 사람 내 형편을 알려는 사람이 없다. 헛기침 소리들이 부스럭 부스럭 가랑잎 지는 소리로 한 곳에 모아진다. 제삿날이라는 게 요란 북적, 대단행사만은 아니다. 부족한 대로 형편대로 조용히 조상을 되돌아보는 일 아닐까. 그 날 내 일기에는 '적반하장' '역지사지'라고 썼다.

큰 산 하나를 무사히 넘었나 싶더니 어느 것 하나 여유롭지 않은 봄이 오고 있었다. 거취문제가 다시 불거졌다. 종손이 종택 없이 제사를 제대로 모실 수 있느냐의 문제다. 염려 또한 고마웠다. 날벼락은 먹구름만 잔뜩 품은 채 언제 터질지 모른다. 문제의 연속. 설득과 문제 제기는 시간을 끌었다. 타협점보다는 쟁취하려는 소모적인 시간 끌기였다. 서로에게 힘겨운 시간들, 여전히 대립과 반목을 조장하고 부추긴다. 점점 힘들어졌다.

어른들은 이미 문제의 해답을 쥐고 있는 듯 그럴듯한 명분과 이해를 내세우지만 해결점은 지구를 반 바퀴 도는 만큼이나 멀었다. 견뎌야 할 종손 몫을 누가 감당해 줄 수는 없었다.

종손의 덕이여, 애처롭다. 세상이 바뀌어도 종가 보존은 최소한의 가문의 몫이다. 종가존재자체가 없어질 수 있다는 우려는 주먹을 쥐게 했다. 머리만 지신거린다. 수수방관 보고 있자니 못할 노릇이다. 중요한 것부터 우선순위를 매겨 하나하나 해결하기로 했다. 쌓인 감정의 골이 깊어 얼마간의 시간도 필요했다.

종손이란, 큰 바위 얼굴같이 신뢰감을 갖는 인물이기를 고대했지만 아직 그런 인물이 나지 않음을 안다. 종가는 좌충우돌하면서 벼랑 끝 위기에 서 있다. 일의 실마리가 난항에 빠졌다. 잠 못 이루고 적은 글이다. <난항>이라는 제목으로.

"아직 하지 못하고 남아있는 일/ 그 짐이 하루하루 나를 버티게 한다/ 어깨에 열두 지게 진/ 옛날의 머슴처럼/ 해도 해도 끝나지 않은 일/ 갈수록 편해지는 게 아니라/ 감당하기도 버거울

정도로 힘들어진다./ 초심 잃고 나 대신 혈육 잃어가고/ 환한 숲에도 남모르는 서늘한 그늘이 있는데/ 걸어온 길 아득하여 덧없음을 내뱉는다./ 오늘 떠오른 햇살 아래/ 나는 다시 살아가야 한다/ 세월이 준 가르침 안고/ 충실히 내 걸음을 걷는 일 뿐."

풍랑을 맞아 요동치는 배 위에서 무서울지라도 잠잠히 웃는 선장의 얼굴을 본다면 얼마나 좋을까. 모든 것이 잘 될 것이란 예감이 앞선다. 잠잠히 해결하는 모습을 보여주면 될 테니까.

종친과 종손 간의 힘든 문제가 출구를 찾게 되었다. 그 출구는 염원의 기도 너머로 비위를 맞추기 위한 지름길과 뒷길이었다. 오랫동안 맞부딪치던 의견들에 노심초사 하시던 어른들이 많은 걸 포기 하셨다. 종손답게 살아야 한다는 시아버님의 주관대로 종손에게 힘을 실어준 것이다.

21년 만의 불씨를 잠재우며 주인이 되었다. 종손의 무게가 아닌 종손의 한 자리를 마련한 것이다. "이번일로 집안 간에 서로를 더 아끼고 최선의 선택으로 남겨지길 바란다"는 아버님의 당부 말씀은 화룡점정이 됐다. 무슨 일처리든 전부다 박수 받거나 전부다 비판 받는 일은 없다.

종손은 타고난 숙명이다. 가위 바위 보를 하거나 제비뽑기해서 종손 자리에 있는 건 아니다. 남모르게 뜬 눈 세운 날들은 마음에 점하나 찍고, 원만히 해결되길 소원하던 3년여, 소나기가 멈춘 듯 오리무중의 날들이 저 편으로 사라진다. 오랜 세월 켜켜이 쌓인 반목을 접고 윗세대와는 다른 부드러운 여생을 살았으면 좋겠다. 대오각성, 심기일전의 각오로 '대를 잇는 효'를 다 할 것이다. 꽃이든 사람이든 어려운 환경을 극복하는데서 향기로울 수 있다.

샛바람이 지나간다. 풍랑이 없었다면 무엇이 가도(家道)이며 무엇이 정도(正道)인지 알기나 했을까. 업(業)이 거기 있고 기침소리와 바람소리가 모두 쟁여있기 때문이다. 이제는 말할 수 있다. '암혈에 눈비 맞아도' 견딜 만하다고.

내 아들의 아들까지 그 아들의 아들까지 종손의 뿌리가 이어질 수 있도록 자리를 지켰으면 한다.

원망도 아쉬움도 함께 내려놓고.

- 2012. 8

시어머니꽃

비 내리는 제삿날 아침이다.

서서히 빗줄기는 사나워진다. 우면산에 어머니를 모시던 날, 천둥번개를 동반하여 앞이 보이지 않게 쏟아 붓던 폭우가 떠오른다. 눈물인지 빗물인지 분간할 수 없었다. 파란을 이기지 못한 세월이 비가 된 것만 같다.

이듬해에도 기록적인 장마로 '우면산 산사태'는 사건중심의 난장이었다. 어머니 말씀대로 '난리 전쟁 통에도 총알하나 날아들지 않던 곳'인데. 묘지가 붕괴될까, 사라질까 노심초사였다. 시어머니의 안식처는 무사했다. 바로 옆을 할퀴고 지나간 수마의 자국들은 간담을 서늘케 하는 폐허가 되어있었다. 인력으로는 저렇게 산을 파헤칠 수 없을 정도로 천재지변의 위력에 몸을 낮추게 한다. 가셔서 까지 자식들을 위해 아무 일 없으니 고마울 뿐이다.

사연만큼이나 많은 비가 내린다. 제수음식 차리며 어찌나 명치끝이 아프던지, 왜 눈물이 찔끔거리던지, 머리도 더워지며 바글 바글 아파왔다. 평소에 좋아하시는 걸 드리고 싶어 제상에는 올리지 않던 도토리묵과 메밥에도 찹쌀을 넣고 마음을 다해 올렸다. 제사를 마치고 늦은 시간에도 잠이 오지 않는다. 그동안 할 말을 못한 3년을 전하고 싶어 편지를 쓴다,

"어머니께 드립니다.

사랑을 제일 많이 받았던 맏며느리가 오늘밤은 잠이 오지 않아 글을 올립니다. 벌써 3년이 되었군요. 지금쯤 편안한 곳에서 저희 사는 거 다 보고 계시지요, 음식을 차린다고는 했는데 만분의 일도 해드리지 못해 죄송합니다. 용희 태희 윤희 손자 셋을 거두시느라 허리 아프고 무릎이 아파 제대로 일어서지도 못하시던 걸 생각하면 마음이 아픕니다. 어머니 그때가 제 나이쯤이셨지요. 저도 이제 손자를 보면 기쁜 마음이 먼저고 저녁이면 무릎이 아프고 어깨가 아픕니다. 세월은 어쩔 수 없나 봅니다. 어린 녀석들 업고 손잡고 놀이터로 유치원으로 다니시던 어머니 모습이 떠오릅니다.

애들 말 배울 즈음에 비행기를 비항기라고 하시고 양말은 양발, 시금치를 신검치, 신안 앞바다를 시나바다 라고 하셔서 손자들이 그대로 따라했지요, 학교에서 받아쓰기를 했는데 할머니 식으로 답을 써서 만점을 못 받은 거 아시지요. 그 때 우리 식구들이 얼마나 웃었던지요. 그러던 손자들이 결혼해서 손주며느리까지 보셨으니 원(願)은 다 하셨는데 구비마다 집안의 많은 미움들

이 어머니를 얼마나 결박했는지 저는 잘 압니다. 그래서 가슴이 멍 해 질 때가 많습니다.

어머니 기일에 큰손자는 피치 못할 약속 때문에, 막내 손자는 미리 잡아 놓은 해외 일정 때문에 제사 참석을 못했습니다. 아범은 미리 산소에 다녀왔습니다. 둘째 손자는 다리 수술로 목발로 할머니 앞에 섰습니다. 저마다의 사정을 알고 계시지요.

큰 손자는 지금도 할머니 영정을 응접실 탁자위에 놓고 출퇴근 할 때마다 눈인사하며 할머니와 함께 삽니다. 손자의 아들, 어머니의 증손자에게도 인사하도록 가르칩니다. 그런 모습 보면서 저는 흐뭇합니다. 어머니의 세월에 보답하는 손자의 마음씨입니다.

어른 노릇하기가 더 어렵다는 말씀이 떠올라 슬퍼질 때도 있습니다. 할 말도 줄여야 하고, 참견하지 말고, 아프다는 소리하지 말고, 고집부리지 말고, 삐지지도 말아야 한다는 사실들이 나이 들어 슬픈 게 아니라 세상이 돌아가면서 거칠어지는 게 슬픕니다.

잘잘못을 품어 주시던 어머니, 어머니에게 별명하나를 달아드리고 싶어요. 달맞이 꽃이라고 부르고 싶네요. 사전을 찾아보니 자생지는 길가, 빈터이고 개화 계절은 여름, 꽃말은 기다림, 소원이네요. '얼마나 그리우면 꽃이 됐나'로 시작하는 달맞이꽃의 노랫말도 있어요. 어머니를 생각하면서, 애써 삼키지도 않고 목 놓아 울지도 않는 자제력을 보면서 이제부터는 달맞이 꽃이라고 부를래요. 종일 자갈을 긁어내야 뭐라도 심을 수 있는 척박한 땅처럼 올라오는 울화에 숨이 턱턱 막히는 세월을 강인하게 살아오신 어머니, 사연은 좀 슬프지만 어머니와 꼭 닮지 않았나요. 행복만을 누리시고 사세요. 음력 7월 4일 맏며느리 올림"

달맞이꽃은 그렇게 내안에 시어머니 꽃으로 피어있다. 우면산의 나직한 성품과 산에 사는 꽃들과 구름과 바람을 거느리고 시어머니 계신 곳은 참 편해 보인다. 물이 불어난 계곡을 건너기전에 걸음 멈추면 맞은편에 어머니 묘소가 보인다. 계곡을 끼고 있는 물가에서 자라는 야생화들이 한창 피어있다. 사연 없는 꽃은 없다. 무의미하던 꽃들이 어머니의 무덤가에 의미로 피어있다. 나무들과 꽃들, 바람 속에서 어머니를 만날 수 있다.

달맞이꽃을 보면 위안을 얻는다.

- 2012. 8

그리던 4년

가슴이 저려오는 슬픔이 다가선다.

어느덧 4년, 어머니 안 계신 세상을 살았다. 지난해처럼 기일에 편지를 쓴다.

어머니 편안하시지요?

아침 일찍 큰며느리가 문자를 보내왔네요.

<엄마, 외할머니한테 가시지요? 잘 다녀오세요.> 마음이 울컥해집니다.

“고마워. 기억하는구나. 흑석동 성당에서 이모랑 외삼촌들 만나기로 했어”

라고 답장을 보냈어요.

<잘 다녀오세요. 맘 따뜻하게…….> 답장이 오네요. 다시 보냈어요.

“고맙다. 가서 맘 놓고 울고 싶다. 그런데 아빠 같이 가기로

했다"고.

그랬더니 <잘 되었습니다. 자꾸 울면 더 슬프다니 방지책 아버님이 좋은 듯합니다.>라는 답이 와서

"큰며느리 덕분에 웃음 가득이구나. 외할머니도 널 참 예뻐했는데."라고 보냈습니다. 어머니도 다 알고 계시지요.

어머니!

쩡쩡 어는 계절이 오면 추위 탓인지 뵙고 싶은 마음 더 가득합니다. 돌아올 수 없는 먼 길을 떠나신 날도 영하 12도의 한파였습니다. 어머니의 한 평생이 지난한 것처럼 옛날의 추위는 징글징글했었지요. 겹겹의 옷을 껴입고 방안에 떠놓은 물그릇이 얼기 일쑤였고 귀에 동상이 걸릴 정도이니 추위가 이만저만이 아니었습니다. 외풍 때문에 코끝이 아리던 시절이, 푸르딩딩 멍든 귀가 가려워 늘 매만지시던 모습 생각나면 지금도 가슴 아픕니다.

생각나네요. 서울로 공부하러 간 오빠도 그랬습니다. 경동고등학교 다니던 작은 오빠는 삼선동 언덕 위를 오르내리며 열심히 공부한 덕에 서울 법대에 들어갔지요. 공부할 때 책상에 놓인 잉크병이 얼 정도였으니 걱정이 이만저만이 아니었습니다. 법대 4년 재학 중에 고시 합격 했고 어머니는 한을 풀었습니다. 뒤를 이어 막내아들도 고시에 합격해 훌륭한 금메달감 어머니였습니다.

고생 끝 인 것 같았지만 추위 못지않은 어려운 시절에 귀한 것

아닌 것이 없었습니다. 그 시절 대부분 사람들이 그러했지만 연탄 아끼고 전기 아끼는 절약정신은 기본이었습니다. '여자가 안에서 살림 알뜰히 해야지 그 집안이 넉넉해지는 거다. 남편이 아무리 벌어들여도 안에서 씀씀이가 헤프면 다 소용없다.'고 엄하게 교육하셨습니다. 그 가르침에 지금의 제가 있습니다. 빈곤과 추위보다 더한 크고 작은 시련들이 닥쳐와도 초연할 수 있었습니다. 내게 밑거름이 되어 부딪쳐 오는 힘든 일들 쯤은 아무 것도 아니라는 생각입니다. 어머니는 생의 마지막 순간까지 불효한 자식에게 가르침을 주고 가셨습니다. 고맙습니다.

어머니는 4년 전, 92세가 되던 해에 갑자기 방안에서 넘어지셨습니다. 고관절 골절상을 당하셨는데 고령 탓에 수술을 포기하고 병원에서 요양만 하셨습니다. 그 아픔의 고통이 나에게 그대로 느껴졌습니다. 진통제를 맞으며 하루하루를 견디셨지요. 어찌해 드릴 수 없었던 불효한 딸이었기에 더욱 마음 아팠습니다. 시간을 내어 어머니 곁을 지킨다 해도 겨우 몇 시간이고 그 때마다 어머니는 '바쁜데 왔구나, 조심히 다녀라'하는 몇 마디만 반복하셨습니다. 그때를 생각하면 두 다리 뻗고 자는 것도 죄스럽습니다.

깊은 병중에도 자기 관리에 철저하신 분이란 걸 느꼈습니다. 문득 정신이 있다가 없다가 하시는 것 같은데도 정갈한 모습 보이시려고 머리를 쓸어 넘기시고 얼굴을 매만지시고 가끔씩 먼 곳을 바라보는 눈동자에는 흐뭇한 미소를 머금으셨습니다. 미소 속에는 '하느님, 감사합니다. 고맙습니다.'하는 말 뿐이었는데 저에게만 들리도록 나직이 되뇌이셨습니다. 얼굴에는 후회나 미련이나 애처로움이 아니라 평온함과 잔잔한 보람들이 가득하게 피어오르고 있었습니다.

우리가 상상도 못할 '산과 강'을 넘고 넘어 견디어 살아온 어머니의 모습이 저토록 평온할 수 있을까. 닮고 싶은 모습이었습니다. 아픔 속에서도 묵묵히 기도하시던 모습은 마지막을 순리대로 기다리는 '평안'이었습니다. 그럼에도 생의 마지막이 얼마나 바삭바삭 말라 흩어지는지를 지켜보지 않은 사람은 모릅니다.

거의 가실 때를 직감했습니다. 마지막 날의 하루 전 쯤, 이미 어머니의 영혼은 하늘나라에 계신 듯 했습니다. 병원에서 연락이 왔습니다. 너무 기력이 없으시니 영양제를 한 번 더 투여하겠다고. 영양제가 무슨 필요일까 하면서도 할 수 없었습니다. 병원에 가니 이미 어머니 몸은 퉁퉁 부었습니다. 고비였습니다. 얼마 남지 않은 생명이란 걸 알면서도 무연히 바라볼 수밖에 없었습니다. 그날 밤 어머니는 돌아가셨습니다.

어머니는 3개월의 요양기간 말고는 자식에게 의지하는 일을 마다하셨습니다. 불만이나 후회나 아쉬움도 끼어들지 못하도록 홀로 살기를 온 몸으로 보여주셨습니다. 이제는 추위도 없는, 찌는 더위도 없는 그곳으로 가셨습니다. 겨울에 찾아가면 따뜻하고 여름에 찾아가면 시원한 곳으로.

어머니가 보고 싶으면 흑석동 성당엘 다녀옵니다. 더 이상 춥지도 덥지도 않은 곳입니다. 목도리 풀고 코트도 벗어놓고 어머니와 한참을 얘기 나눕니다. '너희들 키울 때가 제일 좋았다. 복닥거리며 살 때가 좋았다. 옛날에는 추워서 감기를 달고 살았지. 지금 세상은 얼마나 좋으냐. 즐겁게 살아라. 건강 잘 챙기고…….' 살아계실 때처럼 음성이 전해옵니다. 어머니를 위한 간곡한 기도를 올리고 차마 발걸음 선뜻 내딛지 못했습니다. 저도 어머니처럼 자식에게 의지하지 말고. 아프지 말고 눈 감는 날까지 정갈하게 살다 가려합니다. 고운 어머니는 그렇게 보여주셨습니다.

쉬고 싶을 때 어머니 곁을 다녀오면 마음을 편안하게 바꿔주는 꽃씨 같은 행복을 채워 옵니다. 어머니 편안히 계세요.

편지 놓아드리고 성당을 나선다.

그리움도, 가슴 저려오는 슬픔도 함께…….

- 2013. 1

달빛 창가에서

문자 시대에, 며느리와 문자 보내기는 달빛 창가만한 곳이 없다. 달밤에 보름달이 한 몫을 한다.

'달밤이 너무 밝구나. 재인이 아직 안자거든 달 보여줘라.'

<엄마, 손자는 자고 있어요. 진짜 달이 밝네요.>

'엄마도 달 본지가 언제인지 모르겠다.'

<일찍 주무시는데 오늘은 웬 일이세요.>

'자려고 불을 껐는데 달이 밝아 잠이 달아났다.'

<주무세요. 안녕히 ~>

'자야하는데 잠은 올 것 같지 않다. 그래. 너도 그만 자거라. 잘 자.'

<엄마는 아직 여유가 많으세요. 달을 보고 손자 생각을 하시구.>

'문자 보낸 게 아니라 사랑을 보낸 거야, 잘 자.'

<제 덕에 문자 실력 좀 느시겠어요. 좋은 생각. 내일 생각해서

주무세요.>

'참 내일은 엄마 할 일이 많기도 하고 힘든 날이다.'

<네. 알아요.>

다시 시작되는 내일의 이야기다. 끝이 없다.

<이러다 날 새겠어요. 주무세요.>

'고맙다. 너도 잘 자.'

마음 흐르는 대로 문자는 계속이다. 달빛은 교교하다. 며느리와 시어머니가 달밤에 문자 주고받기(?). 이런 정경이 낯설지 않다. 5층에 사는 시어머니와 3층에 사는 큰 며느리는 잠을 잊는다. 달밤에 옥상에서 만나서 할 얘기 다하면 될 텐데 각자 누워서, 혹은 앉아서 문자로 얘기를 나눈다. 자꾸 보내고 자꾸 받는 문자를 보름달이 보고 환히 웃는다.

진심은 통한다. 시어머니와 며느리 사이에 솔직함은 마음 터놓는 길이다. 달을 먼저 본 사람이 먼저 알리면 간단하다. 시도와 도전이 비결이다. 귀로 듣는 게 아니고 마음으로 듣는 문자 메시지가 사랑을 키운다. 달빛을 받으며 주고받은 메시지는 마음을 위로하는 사랑의 빌딩이고 시어머니와 며느리의 공동 소유물이다. 고부간의 사랑은 증축할 수도 있고 리모델링이 얼마든지 가능하다.

서로 나누는 속마음의 빛이니 며느리는 나의 전생인가보다.

매일 밤 달빛이 비춰준다면 얼마나 좋을까. - 2010. 10. 8

유어언(遊於言)

기이한 경험이다.

잠이 들려는 희미한 시간에 예언 같은 단어들이 쏟아진다.

"진실을 글로 쓰지 못하는 마음이 진실이다. 진실을 쓰고 싶을 때 진실을 쓰면 진실이 아니다." 두 마디 말이 스친다. 급한 마음으로 받아 적는다. 다른 말들은 희미하다. 다시 잠을 청한다. 환청 같은 말이 또 들린다.

"아픔을 아프다고 하는 건 아프지 않은 것이다. 슬픔이 크면 눈물이 나지 않는 것이다." 이번에는 어둠에서 그대로 받아쓴다. 두 줄 적는 동안 나머지 말을 잃는다. 이유는 뭘까. 이 상황을 어떻게 설명할 수 있을까. 낯선 단어들이 이어진다. 처음 겪는 경험이다.

"한없이 가벼울 수 있어 자유다. 자유와 가벼움에는 맑음의 자리에서 펼쳐진다. 맑음이란 가림이 없고 가림이 없다고 맑은 것만은 아니다." 이 무슨 환청인가. 누군가의 음성에 실려 또렷하게 들려온다. 끝을 이어갈 수 없이 슬며시 사라지는 환청, 불을 켰다 끄기를 반복하며 알 수 없는 말들과 한 밤을 유영한다.

"잠을 자는 건 죽음이 아니다. 그러나 죽음을 잔다고도 한다."

"하루는 여삼추 같고, 여삼추는 하루가 아니다."

"발은 걷지만 머리의 명령을 받는다. 머리는 명령하지만 발처럼 걷지는 못한다."

"침대는 온돌 구실을 못하지만 온돌은 침대구실을 한다. 침대는 온돌이 아니다. 온돌은 구들이 있다. 구들은 침대 구실을 못한다. 구실이 구들이 될 때까지는 누워야 안다."

"나락으로 떨어졌을 때 깨닫는다. 비로소 낮게, 그윽하게 인생이 숙성되는 것을, 그리고 살아야한다는 것을."

"무관심을 침묵의 담장이고 담장 너머 무관심의 줄기에는 냉정과 외면이 자란다. 울컥하는 감정은 꽃으로 피어나고 그 열매는 배신이다, 무관심 꽃이야말로 먹먹함의 씨앗이다. 텃밭을 알지 못해 원망만 틔운다." 누가 던져주는 힌트도 아니고 영혼이 반 쯤 졸고 있는 가수면 상태에서 경악시킨다는 말이 맞다. 의식하지도 못한 채 나는 받아 적는다. 그야말로 말(言)에 놀아나는 유어언(遊於言)이다.

깊은 밤 떠도는 생각들에 쓴 문답은 누구에게 내보일 수가 없다. 언어는 절대 혼자 다니지 않는다. 감정이라는 친구를 동행한다.

- 2010. 6

제4장. 내 안의 꿈

당신의 꿈이 도시 한복판에 위치한 거대한 빌딩의 주인이 되는 것인가? 그렇다면 그 빌딩의 주인이 되기 위한 물리적인 노력을 기울이면서, 정기적으로 시간을 내서 그 빌딩을 찾아가라. 가서 그 빌딩의 주인이 되어있는 자신을 생생하게 느껴라. 빌딩 각 층의 이용자들이 당신을 보고 직감적으로 빌딩 주인이라고 생각할 수 있을 정도로.

아들의 일기장

책 정리 중이었다.

책들 틈새에서 작은 노트 하나가 툭 떨어진다. 꽤 오래된 노트다. 92년도에 쓴 아들의 일기장이다. 둘째 아들의 나이 15살. 중3때다. 한창 사춘기를 겪던 나이에 기록한 일기다.

1월 3일이다.

"오늘은 뭐랄까. 솔직하다는 것은 정말 좋은 것을 느꼈다. 학원은 가서도 커닝을 안 하고 내 실력 것 시험을 보니까 정말 기분도 좋았다. 마치 나만 착한 애같이 느껴졌다. 요새는 날씨가 몹시 추워서 활동하기가 싫은데 친척들이 와서 잔심부름을 하느라 귀찮았다. 어떤 때는 집을 나가고 싶은 마음도 있었지만 사촌들과 노는 재미에 빠졌다. 오늘은 무척 힘들고도 재미있는 하루였지만 내일을 생각하니 가슴이 설레인다."

1월 7일.

"오늘은 정말 재수가 없다. 마루에서 좀 뛰어다녔는데 형이 나한테 물을 뿌렸다. 나는 물을 맞았다. 나중에 다시 왔다. 그런데 아까 물을 뿌려 놓은 곳에 미끄러져서 발이 6㎝나 살이 떨어졌다. 참 재수가 없다. 방에 들어 왔다. 마침 얼룩 지우는 약이 있어 내 책가방의 얼룩을 지우고 나서 장난으로 형 다리에다 몇 번 뿌렸는데 형은 다짜고짜 주먹으로 얼굴을 한 대 세게 때렸다. 나는 형 심부름을 매일 한 가지씩 이상은 하고 있다. 안하면 맞기 때문이다. 이 일은 7살 때 친척이 놀러왔을 그때부터 심부름을 안 하면 죽인다고 했다. 나는 순진해서 그런지 정말 죽는 줄 알고 말을 잘 들었다. 어떤 때는 많이 맞아서 멍이 들고 정말 죽을 뻔한 적도 있다. 요즘은 집을 나가고 싶을 때도 있다. 내가 하인인 것 같기도 하다. 허나 하인은 돈을 받고 일한다. 단지 나는 동생이라는 이유로.

1월 8일.

"나는 윤희한테는 심부름도 안 시킨다. 왜냐면 큰형님 심부름도 감당하기가 힘든데 내 심부름까지 하면 너무 불쌍하기 때문이다. 차라리 형이 없었으면……. 윤희한테 지금까지 잘 대해 주다 보니까 윤희가 나를 생각하는 것이 자기 친구로 생각하는 것 같다. 또 형이 심부름 시킬 때도 같은 위치에서 시킨다. 나는 무엇인가. 내가 형 심부름하기 위해서 태어났나. 동생에게서 무시 받으려고 태어났나."

지금은 모두 30대가 된 아들들이다. 세 살 터울의 아들과 연년생의 아들, 삼형제가 어릴 때였다. 동생들이 뭘 할 때 형을 그대로 따라 하는 걸 보았다. 형이 좋아하는 장난감 만 갖고 놀고, 형이 자주 보는 만화 영화만 주로 본다. 그러다 언제부터인지 그런 모습은 사라졌다. 사춘기 때부터인 것 같다. 그 때의 기록이다.

20년 동안 간직하고 있으면서 이제야 읽게 되다니, 형제들 간의 일어난 일상을 자세히 모르고 한 방에서 오순도순 서로 의지하고 지내는 모습이 참 보기 좋다는 말만 늘어놓고 산 엄마였구나. 왕따와 마음의 상처 때문에 청소년 시기의 위험한 고비를 얼마나 많이 보아왔던가. 잊을 수 없는 페이지들이다. 일기를 읽는 동안 아이들 뒷바라지 하던 시절이 마치 어제일인 듯 생생하게 살아난다.

아들에게 옛 일기를 보여주며 조심히 물었다. 그때 정말 그랬니? 아들은 기억의 빗장을 여는 듯 닫는 듯 했다.

"다 지난 일이예요. 그 때 그런 과정이 없었다면 지금 우리 사이가 이렇게 잘 지낼수 있겠어요? 형이 그런다고 엄마가 나섰다면 형을 우습게 봤을지도 모르잖아요. 우리 집만 그런 게 아니고 아들들만 있는 집은 대부분 그런 질서가 있는 거예요." 의외로 태연하다. 형에 대해 각을 세우지 않는다. 듣고 보니 그런 해석도 가능하다.

큰 형한테는 깎듯이 해야 하고 무조건 형 말은 잘 들어야 한다는 교육은 동생들에게 강조한 첫 번째 질서교육이다. 아이들이 그 말을 잘 따라 주었다. 어릴 적 기억이 형에 대한 원천이겠지만 반듯한 성숙은 다행이다.

아들의 아무렇지도 않은 반응이 '아들들만 있는 집'의 풍경이라니 놀랍다. 그랬을까. 열 손가락 깨물어 아프지 않은 손가락 없듯이 엄마로서 잘 살피지 못한 안타까움과 미안함이 드는 것은 인지상정이다. 엄마의 존재가 부끄럽고 초라하기 짝이 없다. 그러나 꽃 피우는 과정을 형에 대한 고마움으로 돌린다면 서로를 챙기는 존재가 될 것이다.

큰 아들의 큰마음은 엄마에게 늘 자부심으로 가득했다. 넓은 시야로 큰 그림을 그리는 능력이나 성공을 위한 집요한 실천력, 사업가로서의 감각, 위기에서도 밝은 모습으로 대처하는 모습 등이 그렇다. '형만한 아우 없다'고 했다. 형이 펼쳐놓은 우애의 정원에서 동생들이 꽃을 피우니 만사 이해하고 돈독해지길 기도 할 뿐이다.

학창시절의 성장과정은 이야기를 간직한다. 아울러 형제애는 누구에게서보다 잠재 가치가 크다고 본다. 더 많은 형제애를 향유한다면 더 좋은 방향으로 향할 것이다. 세월 흘러 먼 훗날 힘없고 지쳤을 때 서로의 어깨를 의지하며 걸어가는 형제의 뒷모습은 더 아름답다고 말해주고 싶다.

아들들 가는 길에 응원을 보낸다.

- 2013. 3

계사년 일기

첫날. 서설(瑞雪)이 세상을 덮었다. 온통 하얗다.

집 앞에 눈을 치운다. 3센티 정도다. 어제와 오늘 아침에 내린 눈이 지난 일을 잊게 하고 깨끗한 도화지에 새 그림을 그리라는 하늘의 뜻 같다. 곡절과 파란을 덮으라는 듯 차분하게 눈이 쌓인다.

반갑다. 계사(癸巳)년 2013년. 풍요와 지혜와 용기의 상징 뱀이다. 올해를 사랑해. 뱀을 사랑해. 뱀해에 태어난 나를 사랑해.

뱀처럼 지혜롭고 행운을 가져다주는 한 해, 운명을 헤쳐 가는 한 해를 기대한다. 그 의미를 되새기는 일에는 즐거운 이야기도 존재하고 역경의 이야기도 존재한다. 슬픈 일, 힘겨운 일보다는 즐겁고 행복했던 일을 추억하며 몇 해를 살았다는 숫자에 의미를 부여하며 기념하는 일이 '환갑'이라는 표현에 어울릴만하다. 요즘은 건강의 관심과 과학의 발달로 환갑이 되었다 해도 대체로 건강하고 활발하다. 그래서 축제의 날이고 갑자(甲子)의 의미를 맞이하는 즐거운 날이다. 새해를 새 마음으로 시작한다.

'허물 벗은 뱀은 제 허물이 아니더라도/ 벗은 허물 다시 껴입을 수 없는 것을!' 김명인의 시 일부다. '삶은 늘 시간의 허물을 벗어 새로운 시간의 물결을 알몸으로 맞는다'는 기자의 표현이 남다른 느낌을 준다. 뱀은 겨울에 사라졌다가 봄이면 다시 나타나므로 재생과 치유, 영생의 상징이라고도 한다. 뱀을 보고 소스라치게 놀란 경험보다는 뱀의 허물 벗는 순환처럼 평소 둔하던 생활에 벗지 못하던 허물을 하루하루 벗을 수 있기를 다짐한다.

그리고 올해는 그동안 돌보지 못한 일기를 살려야겠다. 가계부 안에만 메모로 남겨진 조각글들이 진작 밖으로 나왔어야 했는데 내가 도움을 주지 못해 어둠에 있었다. 제 모습 감출수록 뚜렷해지는 일기를 이제는 밖으로 끌어내어 가끔 누구나 볼 수 있게, 또는 누구도 볼 수 없게 자리를 내 주고 기쁨을 누리게 하며 쉼터를 마련해야겠다. 그러면 밝고 씩씩한 친구가 되어 주변의 작은 아름다움들이 성큼 다가올 것이다.

나의 작은 여유가 가족의 미소를 지킬 것이다.

- 2013. 1

내 안의 꿈

당신의 꿈이 도시 한복판에 위치한 거대한 빌딩의 주인이 되는 것인가? 그렇다면 그 빌딩의 주인이 되기 위한 물리적인 노력을 기울이면서, 정기적으로 시간을 내서 그 빌딩을 찾아가라. 가서 그 빌딩의 주인이 되어있는 자신을 생생하게 느껴라. 빌딩 각 층의 이용자들이 당신을 보고 직감적으로 빌딩 주인이라고 생각할 수 있을 정도로.

『꿈꾸는 다락 방』이란 책을 받았다.

책을 보낸 분이 직접 쓴 글, "정상에서 만납시다"라는 메시지가 첫 페이지다.

이 책을 선물 받고 몇 시간을 읽기에 빠져 있다가 밑줄 그어 놓은 구절이다. 꿈꾸는 것은 현실이 된다는 거다. 물감을 아끼면 그림을 못 그리듯 꿈을 아끼면 성공을 그리지 못한다는 표지에 끌려 한 나절을 책 속에 몰입했다. 실제의 나를 생생히 묘사하는 듯했다.

어렵던 시절에는 그저 부자가 되었으면 좋겠다는 마음에 빌딩 하나 가지고 임대료 받아 편히 살면 얼마나 좋을까 했다. 그래서일까. 나는 신혼 때부터 꿈의 그래프를 그렸다. 20대에 아이 다 낳고, 30대에 집장만 하고, 40대에 내 분야의 내 이름을 얻고, 50대엔 근사한 빌딩 주인이 되고, 60대에는 여행 다니며 노후를 맞으리라는 설계를 했었다. 구체적으로 나이에 따라 초반, 중반을 나누어서까지 아이 낳기, 주택마련, 자신의 계발, 빌딩 소유를 꿈꾸고 있었다. 물론 현실적으로는 이루기 힘든 꿈이었다.

그러나 앉으나 서나 자식 생각, 주택 생각, 빌딩 생각에 틈만 생기면 무의식의 목표에 매달리는 것이다. 그리고 진지하게 간절하게 원한 만큼의 현실로 만들 수 있었다.

그 과정에 수없이 반복되는 남편의 사업 실패. 암 투병생활 까지……. 누가 저토록 힘겨운 인생극장 같은 소설을 쓰는가 할 정도로 겨웠다.

마음 한가운데에 자리한 희망은 참으로 몹쓸 평생 목표였다. 삶의 중반, 38세에 글을 쓰기 시작해 40세에 신인상을 받고 문단에 데뷔했다. 작가가 되었다. 글쓰기에 전적으로 몰두할 시간이 없었지만 하루도 빠짐없이 쓰는 가계부와 일기가 작품의 바탕이 되었다.

새벽에 글 쓰고, 늦은 밤에 쓰고, 재능이 없어도 그저 쓰기만으로 의욕을 보였다. 침체되지 않는 나를 위해서였다. 창의적인 의지가 좋았고, '한없는 몰입'이 좋았다. 꿈의 질긴 자락을 놓지 않은 이유였다.

나는 지금 꿈을 안고 산 덕에 작은 빌딩 주인이 되어 원을 한 가지 이룬 셈이다. 비록 오래된 건물이지만 남루한 웃음 펼치며 헐렁헐렁하게 살 수 있으니.

그런데 나에게 위기를 예고하는 또 한 번의 '탄광 속 카나리아'의 노래가 들려온다. 빌딩의 청소 문제, 쓰레기 문제, 5층 건물에 엘리베이터가 없는 상황, 임대료 분쟁, 하자보수 문제 등은 쉽지 않는 난제였다. 일의 한 복판에 서 있다.

나이가 들면서 체력도, 기억력도 떨어지는데 거기에 쏟아지는 세금문제까지 어둠 속 현장이다. 이런 상태로 유지될 수 없다는 것이 분명해졌다. 혼란과 적지 않은 부담이 왔고 피하거나 미룰 일이 아니었다.

건물에도 생로병사가 있다. 살아있는 것이므로 늙고 병든 건물을 살펴야하는 것은 주인 몫이다. 그렇다고 모아놓은 돈이 있어 전체적인 리모델링을 할 수도 없다. 어떻게 해결해 나가야 할까 고민의 연속이다. 물론 나름의 방법이 없는 것은 아니다. 치밀하게 대비하여 우후죽순처럼 생겨나는 문제점들을 해결할 계획으로 올해 봄부터 팔을 걷어올렸다. 층마다 출근하기 전에 쓰레기 수거, 계단 청소, 화장실을 점검한다. 성격상 내 손으로 직접 하는 일이 늘어났다. '노가다 생활'이 따로 없다. 때로는 '빌딩 주인 못해 먹겠다'라는 말이 혀끝에 달린다. 그럴 때마다 더욱 부지런하게 더욱 즐겁게 움직인다. 콧노래와 땀흘림을 통해 건강도 확인하고 보람의 땀방울은 애쓰는 결과이다.

작은 빌딩 하나 관리하는 데는 익명의 짐을 하나 더 지고 살아가는 거다. 그럼에도 나의 꿈은 도시 한 복판에 거대한 빌딩의 주인이 되는 것이다.

내 안의 꿈에 교보타워만한 빌딩이 주어진다면 <나였던 그 아이는 어디 갔을까. 아직 내 속에 있을까. 아니면 사라졌을까> 계절마다 이런 서너 줄의 시를 외벽에 걸어놓을 수 있을 테니…….

- 2008. <동인지>

시장 풍경

겨울도 아닌 봄도 아닌 계절이 쌀쌀과 포근이 교차한다. 마음도 날씨와 마찬가지. 젊음도 아닌 늙음도 아닌 몸이 곳곳에 뻐근한데 밖으로 나돌고 싶다 하니 남대문 시장이라도 들릴까.

버스를 타고 남산 순환도로를 돌면 봄기운을 가까이 느낄 것 같다. 제 3한강교를 건넌다. 한강물은 새로이 반짝였고 남산 길을 도는데 앙상한 가로수들이 생기를 전한다. 마음이 들먹해진다.

남대문 시장에 가면 점심으로는 갈치조림, 후식으로는 호떡을 즐긴다. 오늘따라 식당은 빈자리가 없어 순서를 기다려야했다. 호떡 파는 곳도 길게 줄을 서서 기다린다. 평범한 곳에 사람이 많이 모이는 곳이다. 좁은 길 돌고 돌아 사람끼리 부딪치고 양보하면서 어우러지는 시장이다.

조붓한 곳도 좋고 기다림도 좋다. 자꾸만 꽃무늬 옷에 눈이 가는 것도 좋다. 밝은 색 바지와 초록 재킷 그리고 반짝이 티셔츠를 사고 봄 기분을 낸다. 봄에는 화사한 새 옷을 장만해야만

봄을 맞을 자격이 있는 것만 같다. 오만 원 정도면 으쓱해지는 기분을 다 가질 수 있다. 흥정을 하며 현금을 주고 물건을 사는 행복도 있고 골라 골라하는 재미가 쏠쏠하다.

약간의 여유(?)를 누려도 좋은, 사람들 모습 하나 하나 정감이 있는 곳, 상생(相生)이라는 말이 잘 어울리는 곳이다. 단순히 걸음이 지나가는 곳이 아니다. 내 개성을 찾을 수 있고 행복의 스위치를 자극하는 곳이다. 지하상가에 '도깨비 시장'이라는 곳은 흥미로운 물건들로 여전하다.

예나 지금이나 상권의 중심지만이 아니다. 리어카의 힘겨운 운반이 상징적이고 머리에 인 밥상을 촘촘히 앉은 가게들에 배달하는 모습은 아직 남아있다. 야채 가게마저 나에게는 추억으로 남아있다.

새댁 시절에 말죽거리에서 농사지은 오이나 호박을 시어머니와 함께 내다 팔던 남대문 시장이었다. 살면서 어려운 일이 닥칠 때면 그 때를 생각하며 견뎌온 일도 있다. 무슨 일인들 못할까. 당시의 울퉁불퉁한 모습이 아직 펼쳐 있는 듯하다.

유서 깊은 남대문에 방화를 저지른 얼마 전의 그늘도 드리워 있다. 오늘은 말끔히 복원된 남대문을 길 건너에서 바라만 보고 왔다.

새 옷을 입고 어딘가로 떠나야 할 것 같다.

- 2013. 3

K 7

절간 같은 집에서 손 글을 쓰는 것이 마음 편한 일과다.

아리스토텔레스가 말한 '행복의 정의'이기도 하다.

막내아들이 다른 날보다 일찍 퇴근했다. 아들 보고 마트에 가자고 했더니 가까운 곳인데도 지난달에 산 새 차를 대령한다. 막내아들 모습을 닮은 K7 승용차다,

34살에 구입한 자기만의 첫 차다. 차의 인상이나 구매 과정이나 완벽함이 주인을 닮았다. 운전과 차의 선택, 운전할 때 성격이 잘 드러나듯 차량 선택에도 성격이 드러난다. 운전과 차량에 따라 운전을 준비하는 마음도 다르다 했던가. 경차나 트럭을 운전할 때와 중형차를 운전하는 폼이 다르고 마음자세가 다른 모양이다. '자리'가 사람을 말해주는 것과 비슷한 점이다.

첫 시승에 엄마를 선택한 아들에게 고마웠다. 기념으로 기름 한 가득 넣어주고 비상금도 넣어주었다. 든든하다. 뿌듯했다. 근사하다. 럭셔리하거나 멋이나 폼이라는 말이 잘 어울리는 아들답

게 매너도 일품이다. 하루아침에 팔불출 엄마가 되어도 좋았다.

차 살 때 미리 엄마와 의논 한 번 안 해 본 건 서운했지만 어른이 다 되었구나 싶다. 이제는 마누라와 의논하는 것이 우선이겠지. 조롱조롱 웃음 매달린 아들의 환한 얼굴이 행복해 보인다. 새 차에 정이 들 때까지 얼마나 애지중지할지 그 심정을 잘 안다. 참 좋은 때다.

차의 외양은 세련되었고 특이한 옵션들은 고급스러움을 더했다. 운전자 쪽으로 주인이 다가서면 문이 자동으로 열리고 백밀러에 불이 깜빡거리는 건 옆에 다른 차가 접근해 오고 있다는 경고를 알리는 거란다. 낯선 기능들을 설명하며 시험해 보인다. 아들은 또 다른 설명에 신이 난다. 신기술, 새로운 취향에 따라 만들어진 차 안내에 끝이 없다. 첨단 자동차의 매력을 보여준다. 목적지에 닿으니 차는 스스로 주차공간을 찾는다. 비어있는 공간을 알아서 찾아내고 주차한다. 신기하다.

말을 해도 다 알아듣지 못하는 아들과 말 안 해도 다 알아듣는 자동차를 사이에 두고 엄마의 마음은 어디까지 알고나 살아갈까. 센서 장치가 부실한 탓일까. 역할의 기술이 부족한 탓일까. 손글씨 쓰는 엄마와 스마트폰으로 모든 게 통하는 아들과의 차이다. 아들은 아들대로, 나는 나대로 마음 편하다고 하면서도 '행복'에는 얼마나 근접해 있는지…….

가까운 거리라도 오직 운전은 안전 운전하길. - 2013. 3

도란도란

청명한 날은 캠핑하기에 그만이다.

바람은 선선하고 들꽃은 유난히 예쁘고 '계절이 지나가는 하늘에는 가을로 가득 차 있었다.' 나를 위한 행복은 이곳에도 기다리고 있었다.

아들들의 취미활동으로 즐기는 캠핑으로만 여겼다. 손자와 함께 오는 동안 기억이 새롭다. 30여 년 전, 아들들이 대여섯 살적에 옷 짐에다 이불 베개까지 챙겨 다니던 시절이 생각난다.

그 시절을 아는지 모르는지 아들들은 거침없고 도도하게 카라반에 대한 자랑이 늘어진다. 고급스럽고 간편하고 편리한 시설을 다 갖춘 캠핑카이다. 이동식 호텔이라면 될까. 주방, 침대 화장실까지 있다. 어디든 다니며 요즘 캠핑을 주도한다. 모든 신상품이 그렇듯 얘기만으로, 듣는 것만으로도 신선하고 솔깃하다. 이런 얘기 들으면 '좀 더 건강하게, 좀 더 살아야겠다'는 생각이 절로 든다. 부러움이 생기는 이유다.

고속도로 풍경을 감상하며 이야기 하는 동안 용인에 예약된 캠핑장에 금방 도착했다. 부지런히 텐트를 설치하고, 타프를 치고 접힌 의자들을 펼친다. 모든 장비들이 옛날과는 다르다. 가볍고 실용적이고 기능성이다. 타프 그늘 아래 중앙에 식탁을 편다. 식탁 가운데는 비어있고 그 공간에 모닥불을 피울 수 있는 화덕이 들어선다. 설치를 모두 끝내고 마침 해질녘, 산을 넘어 가는 석양을 보며 모닥불을 피워놓고 그 주변에 앉아 삼겹살을 굽는다. 오리구이도 함께 얹는다. 와인이 한 잔씩 돌아간다. 땀 흘린 사람에게 맥주는 가슴까지 시원하다.

라디오에 CD를 넣고 음악을 듣는다. 모닥불에, 음악에, 기분 좋은 술은 특별하다. 캠핑장에는 어린이를 데려 온 젊은 부부가 특히 많았다. 이렇게 사는 것도 젊음을 유지하는 비결이겠다. 몸에 배인 분주함 뒤에 한가함을 아는 것처럼 휴식을 즐기고 있다.

캠핑하기 딱 좋은 계절. 간간히 풀벌레 소리도 들려온다. 바람이 불어와 모닥불을 살린다. 불씨를 품은 가슴마다에서 이야기가 쏟아진다. 막내아들 기분이 업 되었을 때 김영모 빵집 이야기가 나온다. 유치원 다닐 때 엄마는 그 집 빵을 잘 사왔다는 얘기인데 김영모가 자기 친구라고 한다. 뜻밖이다.

'빵의 명장이라 부르는 김영모가 너 친구? 그 사람 나이가 얼만데…….'

"내 친구 아빠야. 아빠가 아들 이름을 따서 빵집을 하는 거야"

라는 주장을 한다. '아니다. 그건 아니다. 네가 잘못 알고 있는 거야. 그 사람은 자기 이름을 걸고 하는 거야'

'아니야. 나는 20년을 그렇게 알고 있어.'

누군가는 맞고 누군가는 틀린 얘기를 어이없어 하며 서로 주장하고 있다. 그 사이에 며느리가 스마트폰으로 결론을 내렸다. 김영모는 빵의 명장이고 나이는 53년생이다 라는 화면을 돌려가며 읽는다.

'거 봐, 엄마 동갑이네. 그러니 그 아들이 너 친구겠지.'

요즘 세대들은 스마트폰을, 인터넷을 믿는다. '와~아' '까르르' '크크' 웃음이 보약이다. 길다면 긴 시간을 착오로 살아온 인물이 그 뿐일까. 웃음 끝에 나는 아침에 본 '오늘의 운세'를 말하고 싶었다. '자녀 덕에 시원한 산바람을 즐긴다.'는 말이 이렇게 맞을 수가 있을까 전했다.

우리 가족의 대화는 참 다양해져 간다. 축구 얘기서부터 잠시 보는 야구 생중계까지. 또한 '꽃보다 할배'의 이순재, 신구, 박근형, 백일섭의 배낭여행 얘기도 재미있다. 나도 요즘 '마마도'를 본다고 끼어들었다. 김영옥, 김수미, 이효춘, 김영임의 여행담이 재미있고 울림도 준다고. 그래도 아들 며느리들에게는 할배가 인기다. 나는 할매가 좋은데…….

도란도란 나누는 이야기는 가을보다 깊어간다. 하룻밤 모닥불 시간을 더해 가족이란 울타리를 더해 준다.

다음날, 일찍 일어난다. 할머니를 따라서 일찍 일어난 세 살 된 재현이와 산책을 나선다. 호수와 산이 어우러진 고요하고 멋진 산책길이다. 이른 시간 호젓한 길에 가을 야생화들이 가득 피어있다. 산책로 옆 냇물 소리길이 좋다. 이제는 거침없는 폭포수 소리보다 작은 시냇물 소리가 좋다. 발끝에 밤알이 채인다. 반갑다. 서너 주먹 될 만큼 주웠다. 메뚜기도 한 마리 잡았다. 손자는 좋아하면서도 가까이 보여주면 움찔 놀란다. 그래도 놓아주지는 못하게 한다. 메뚜기를 자꾸만 마뚜기라고 부르는 손자가 정말 귀엽다. 내 삶에서 알 밤 같은 열매처럼 소중한 자식들이다.

느릿하게 짐을 챙겨 돌아갈 준비를 한다. 쓰레기를 분리해 버린다. 육신의 쓰레기는 분리해서 버리는데 이참에 생각의 쓰레기도 버리자.

가슴속에 한 송이 아니 무더기로 피어나길 소망하는 가을 동화 같은 가족 사랑의 캠핑이었다.

- 2013. 10

나도 가끔

나도 가끔 아버지이고 싶다.

허물없이 대화를 나눌 수 있는 아버지, 취미활동이 같으면 좋을 것 같고, 차근차근 세상에 대한 시선을 아들과 함께 넓히면 더 좋을 거 같다. 바둑과 골프를 함께 한다면 아들과 관계가 돈독해질 텐데…….

머리 식힐 곳 필요할 때 큰 아들 부르고, 갑자기 늘어난 시간 어쩌지 못할 때 둘째 아들 불러 소일하고, 몸 아플 때 막내아들 불러 업어보지 못한 아버지를 등에 업으라 한다면 무조건 감싸고 어떤 경우라도 아버지 편이 되어줄 텐데, 그런 아들을 둔 아버지가 되고 싶다. 나도 가끔 아들을 위하여 일하는 아버지가 되고 싶다. 아버지 고맙습니다 하는 아들이 되고 싶다.

다람쥐 쳇바퀴 도는 일상을 탈바꿈하지 못하는 나를 시로 지어내는 변수가 생긴다면 지난날을 읊조리는 시간, 시로서 거짓들통이 나도 좋으니 가끔은 시인이고 싶다. 고단함을 닦고 널어

놓으며 씻으면 시가 되는, 뭔가 좋은 것이 있을 것 같은 기대로 무수히 다듬는 시인이 되고 싶다. 어제가 오늘 같고 오늘이 어제 같은 날들이 녹은 슬지 몰라도 휘거나 부러지지 않을 시를 쓰며 가끔은 누군가를 응원하는 시를 쓰고 싶다.

나도 가끔 빵이고 싶다.

맛의 지존, 빵의 재료가 땀과 눈물과 의지인 것처럼 절제와 겸손으로 반죽된 빵이고 싶다. 배고픔 앞에서 얼마나 무력한지, 사람이 배고프면 서서히 궤도를 벗어난다는 말을 아는 빵이 되고 싶다. 단팥빵을 좋아하는 나는 가끔 내가 빵이고 싶다.

나도 가끔은 이야기꾼이고 싶다.

옛날 옛적에~로 시작하면 다른 세상을 경험하는 이야기꾼이고 싶다.

별에게, 달에게, 이제 막 떠오른 해에게, 글을 모르는 아가에게, 글이 보이지 않게 된 어른께 이야기를 들려주고 하루해를 보내는 이야기꾼,

2013년 봄, 영화 '미드나잇'을 본 것을, 여름 소설 '28'을 읽은 후 들려주고 싶은 이야기. 그래서 그들이 귀 기울이고 반응하여 희망을 얻을 수 있는 이야기꾼이고 싶다.

'능소화' 이야기도. '원숭이 꽃신' 이야기도 할 줄 아는, 나도 가끔 이해하기 쉬운 이야기로 이야기를 들려주는 꾼이고 싶다.

나도 가끔 스님이고 싶다.

영혼의 저쪽 세계처럼 고운 빛깔일까. 스님을 가늠해 보려했던 세월이 있었다.

감정의 기복이 심한 나에게 수행은 절실하겠지만 다시 태어난다 해도 스님은 어렵겠다. 원망이나 미움, 배신 같은 불순물을 없앤다면 평범한 사람으로 산다는 것이 선물이라고 생각한다.

오래도록 참아냈고 오래도록 견디어 낸 견고한 시간들에 때로는 인정도 하니 얼마나 풍성한 선물인가.

깊숙이서 떨고 있는 '드라마 같은 인생'을 밝히기 전에는 스님은 안 되겠다. 차마 말 못하는 사연들을 도량 삼아 나도 가끔은 스님이 되고 싶다.

내 마음은 분주히 이런 생각들을 하고 있다.

- 2013. 7

한 줌 세월

내가 시집 올 때만 해도,

강남에 높은 건물이라곤 뉴욕제과와 제일생명 건물뿐이었던 시절의 말죽거리는 그야말로 죽거리였다. 이곳에는 말(馬)은 없고 비가 조금만 와도 질퍽거리는 변두리 마을이었다. '제주에서 보내온 말을 손질하고 말죽을 먹인 곳이라는 설과 이괄(李适)의 난 때, 인조임금이 피난길에 말위에서 팥죽을 들었다는 설'이 있는 말죽거리라는 지명 자체로 아는 이는 다 알고 있는 동네 이름이다.

그곳에서 조금 더 변두리로 들어가 자리한 우면동엔 이씨 집안의 집성촌이 있다.

뒷산은 청룡, 백호가 완비되어 복 받은 마을이라 한다. 마을은 80여 호인데 대부분 원주민들은 한 때 한 몫의 값을 챙겨 이곳을 떠났고 대신 외지인들이 들어와 개발을 일구며 신흥부자들이 살고 있다. 새로운 부자들은 터를 잡아놓고 눌러 사는 이도 있고 이익을 내고 또 다른 곳으로 이사 간 이들도 있다. 어느 개발 지역과 다를 바 없다. 내력만큼이나 이씨 집안의 종가 이야기가 남아있다. 고즈넉한 보름달은 알고 있다.

달빛 아래로 종손의 헛기침 소리가 유난히 울린다. 그 기척에 제사는 끝나간다.

"현 학생부군 신위, 현 안동 권씨 신위"라고 쓰여진 지방(紙榜)을 떼어 소지하고 불꽃은 허공으로 날려 보낸다.

"철상하거라."

흰머리 검게 물들인 구순의 아버님은 언제보아도 영락없는 교장선생님 같다. 하명(下命)을 받은 지손들이 바빠진다. 신위를 모신 교의를 제 위치에 놓고, 향로와 향합을 정성껏 싸고, 제기들은 조용조용 정리 정돈 한다.

간간이 헛기침하며 관절의 고통을 인상에 올려놓는 시아버지는 안경 너머로 어린 종손부의 종종걸음을 넌지시 바라본다. 연꽃 같은 손주며느리가 사랑스런 눈빛이다. 시아버지 사랑이 며느리인데 하물며 손주며느리 사랑이 오죽할까. 시할아버지는 이마에 주름을 펴시며 걱정스런 한 마디 하신다.

"애기는 좀 쉬게 해라." 부드러운 음성이다. 32살 종손부의 걸음걸음이 어리광처럼 기우뚱거린다. 나는 언뜻 외면한다.

음복이 시작된다.

탕국은 몇 번을 데우고, 녹두전을 다시 덥힌다. 두릅 데쳐 초고추장 곁들인다. 사위도 안준다는 첫 부추 무침, 처음 캔 달래도 깨소금 참기름 넣고 양념간장 만들어 상에 올린다. 도토리묵에 몇몇 나물무침들이 푸짐하다. 아무리 제 철에 나는 재료로 음식을 만든다지만 녹록한 일은 아니다. 좋은 양념도 있지만 옛 맛을 생각하는 지손들의 입맛을 돋우게 한다면 예전 맛을 느낄 수 있는 담백함을 우선으로 해야 한다.

약주를 주거니 받거니 달빛은 유정하게 흐른다. 형제들과 부모 사이에 웃음이 넘치니 감주 맛이 이 맛이다. 봄 제사의 풍요로운 나물음식만큼이나 그간의 안부들도 풍성하다. 대저 나라님이 내리신 정문을 모시고 사는 종손 3대의 대화에 제주(祭酒)는 분주히 들락거린다.

"너희들은 사당에 계신 이 어른을 잘 모셔야 한다. 용모는 단정하고 인품은 간결하고 말이 적은 어른이셨다. 어려서 부친을 여의고 여주 고산에서 남의 집에 살면서 학문에 힘을 썼다. 강직하고 의기심이 강하며 지조와 절의를 중히 여기더니 나이 10세 때 <큰 들판이 모두 물에 잠겼으되 고산이 행복하지 않았네>라는 강장시(江張詩)를 지어 학식이 있는 이들이 모두 특이하게 여겼던 분이다. 그 분의 아들은 어떤 줄 아느냐. 효성이 지극하여 관직 재임 중에 공무 이외에는 부모 곁을 떠나지 않고 조석 문안은 물론이고 양친의 병환이 위중할 때는 변을 맛보아 병세를 파악하고 종기의 고름을 입으로 빨아내는 등 시약 및 간호를 손수

하는 등 부모님 봉양에 조금도 소홀함이 없으셨다."

하늘이 감동한 효자 집안 내력을 꺼내어 이르다 보니 시아버지의 얼굴이 환해진다. 시간이 깊어간다. 그리 많은 역사를 다 알고 계신지 존경스럽다.

손주며느리가 사당에 인사 올린 지 5년이 지난 오늘, 나에게 다감하게 이야기하셨듯이 손부에게도 일러두시는 자상함이시다.

"석탄공의 배경을 다시 한 번 일러두마. 공민왕이 정치를 신돈에게 위임하였다. 그러나 신돈은 왕에 오만불손하여 독재로 정치를 제멋대로 행하였다. 신돈이 왕과 더불어 높은 의자에 앉아 태연하게 무례를 범하여도 그 위세에 눌려 감히 말하는 이가 없었다. 이후 신돈의 사납고 거센 폭정이 더욱 심해져 재상 내간들이 신돈에게 아부하고 언로는 완전히 막히고 나라는 날로 쇠퇴하고 백성들은 도탄에 빠졌다. 이때, 우리 집안의 석탄 이존오께서 나라를 걱정하는 근심과 울분으로 나라를 위해 나섰다. 신돈의 횡포와 그를 방치하는 공민왕을 안타깝게 여겨서 풍자적 기법을 통해 당시의 정치적 상황과 충정을 표현한 우국시는 유명하다. <구름이 무심탄 말이 아마도 허랑하다. 중천에 떠이셔 임의로 다니면서 구태야 광명 날 빗츨 따라 가며 덮나니> 풀이하자면 이렇다. 구름이 아무런 사심이 없다는 말은 아마도 거짓말 일게다. 하늘 높이 떠서 제 마음대로 다니면서 굳이 밝은 햇빛을 따라가 덮어서 무엇하겠다는 것인가. 구름은 신돈을 가르키는 것이다.

허랑은 믿기 어렵다는 뜻이고, 중천은 높은 직책으로 권력의 한가운데를 뜻한다. 임의는 마음대로이고 날빛츨은 임금의 총명함을 의미한다. 광명은 곧 임금이다. 이조 인조 때에 이러한 석탄 존오의 충절을 만대에 알리기 위해 충신 정문이 내려졌고 숙종의 재가로 1714년에 우면동 암산에 왕명으로 특별히 내린 사당이다."

무궁무진 장황하게 말씀하시는 시아버지 모습은 누구와도 비교할 수 없다. 다시 한 번 기상을 느낀다. 기침으로 목청을 가다듬으시는 시아버지 말씀은 이 밤이 다 가도 끝이 없을 것 같다. 조상의 발자취를 새삼 알 수 있고 삶을 더 깊이 이해하게 된다. 핏줄에 대한 자존으로 이어진다.

음복이 과했나 싶다. 얼굴은 대추보다 더 붉어진다. 난데없이 시아버지의 벽력같은 호령이다. 누가 들으면 가슴이 답답하여 어찌할 바를 모르는 거친 한숨 같고, 밥상 위에 있던 사기잔을 탁 내리치는 소리 같았다. 차갑고 싸한 기운이다. 차종손이 사람 구실 변변히 못해 행사 때마다 큰소리가 오가기는 했지만 오늘은 유난하다. 또 무엇 때문일까. 무슨 실수가 있었나. 걱정스러운 종부와 손주며느리다.

"술을 그만 들여갈 걸 그랬나 봐요."

"축문 쓴 게 잘못되었나 봐요." 조손간 며느리들이 안절부절이다.

이런 모습에 내 탓인가 둘러보는 며느리의 심정이다. 문이 벌컥 열리면서 시아버지는 밖으로 나오신다.

"이번에도 또 틀렸어. 어째 매번 틀려. 허구헌날 쓰면서 꼭 한두 자씩 틀리니 언제까지 이럴 거야. 언제까지 반복할 거냐구. 정성이 없어서 그렇지. 사람이 좀 차분해야지. 축문 하나 제대로 못쓰고 맨날 틀리냐. 틀리기를. 어휴. 에이……." 한숨과 혀를 찬다.

음복하실 때의 훈기는 어디로 가고 미움과 원망이 높은 언성으로 거실을 메운다. 저마다 썩은 속들이 저마다의 목에 걸려있다. 따라 나온 아들이 맞받아친다.

"예, 그러지 마십시오. 저도 알고는 있었습니다. 지난번에 분명히 비(妣)로 고치라고 해서 고쳤더니 작년에 또 고(考)로 바꾸라고 한 사람이 누군데요. 제 잘못은 없습니다. 저는요, 아버님이 시키는 대로 다 했습니다. 왜 제삿날 만 되면 소리 지르십니까" 불쾌함을 정면으로 마주 하는 훈계 자체가 불편한 것이다.

큰일 났다. 남편의 말 주워 담기에 바쁘다.

"아버님, 애비가 몸이 안 좋아 술이 빨리 취했나 봐요. 아버님이 이해해 주세요."끼어들지 않으려했던 다짐은 어디로 가고 불끄는데 급해졌다. 그러나 아들 가슴에 억울한 광휘를 잠재울 수는 없었다. 내가 한 말들은 불길과 연기에 섞여 소리도 없이 공중으로 올랐다.

"저 봐라. 내가 언제 소리 질렀다고 그래. 애비가 말하는데 대들기부터 해. 못된 것 같으니. 틀린 건 인정해야지. 고집만 세고 제 주장만 하고. 에이에이."

아랫사람의 반발이 어른의 화력을 키웠다. 부자간에 소통의 심각한 문제가 드러난다. 치받는 아들도 어지간히 취했고 거나해지신 아버지는 더 큰 소리다. 화를 낸다는 것은 무력감의 표시다. "이제 나이도 들 만큼 들었는데……. 이제 그만들 하시지요" 나는 빌었다. '이제 우리 세대에서는 저러지 말아야지.'라며 타산지석(他山之石)의 다짐을 하는 수밖에.

지방을 쓸 때 남자는 벼슬이 없으면 학생(學生)을, 벼슬이 있으면 그 관직을, 부인의 경우는 정경부인을 유인 대신으로 쓴다. 남자 지방의 고(考)는 부(父)와 동일한 뜻으로 생전에는 부(父)라 하고 사후에는 고(考)라 하며 비(妣)는 모(母)와 동일한 뜻으로 생전에는 모 라 하며 사후에는 비(妣)라고 한다. 여자는 유인 다음에 본관 성씨를 쓰며 아내의 경우에는 자식이 있어도 남편이 제주(祭主)가 되며 자식의 경우에는 손자가 있어도 아버지가 제주가 된다. 이 뜻을 모르고 축문을 쓴 차종손일까.

설거지 물소리가 콸콸 쏟아진다.

- 2010. 12

고마운 사람 나쁜 사람

지나고 보면 고마운 사람이 있다.

매 순간 서운하고 실망하고 괴로움을 주는 사람인데 지나놓고 보면 그 서운함과 실망감과 괴로움이 밑거름되어 고마웠다고 생각되는 사람이 있다.

반면 지나고 생각하면 나쁜 사람이 있다.

사소한 일에 신경 써 주고 자상하며 배려해 주고 알아서 해 주고, 아픈 곳이 어디인지, 불편한 데를 헤아려 보살펴 주는 고마운 사람이 있다. 그런데 그걸 기회로 자기 이익을 챙기고, 실속을 차리는 사람, 그래서 상대방에게 뜻하지 않은 아픔과 고통을 안겨주는 사람이 있다. 결과적으로 나쁜 사람이다.

평소 잘 해주는 것에 대한 미안함을 갖게 하고 고마움을 일게 해 놓고 그 틈에 먹이사슬을 꿰어가는 고약한 사람 말이다.

자신의 욕망에 누군가를 끌어넣어 누군가에게 손해를 입히는 그런 사람에게 '고마워하는 사람'은 늘 뒤통수 얻어맞기 십상이다. 잘못 판단하는 ‘고마운 사람’은 결국 실패와 낭패와 곤경에 빠뜨리게 한다.

그런 친구를 가까이 한다면 휘청거리다가 고사(枯死)할 것이다.

세월이 가도 혼란을 면치 못할 것이다.

그런 사람이 내 곁에서 얼마나 오랫동안 가까이 있었는지.

‘고마운 사람’과 ‘나쁜 사람’을 오늘에야 분별한다.

- 2013. 5

제5장. 시간이 흘러

인생이란 여행과 공통점이 있다. 반드시 시작한 곳에서 끝난다. 내가 어디로 가서 무얼 할지를 알면 인생을 즐길 수 있다. 어디서 시작해서 어디로 가는지 모르기 때문에 인생길이 불행하다. 지구라는 학교에 왔는데 다양한 것을 모두 경험하자는 뜻이 여행이다. 소중한 나머지 시간이 되길 바라는 알렉스의 아침 인사 또한 철학적인 여행멘트다.

속초 여행

속초 고성으로의 여행이다. 마음만 먹으면 언제든 떠날 수 있는 곳이었는데 쉽게 가지 못했다.

"토요일에 이틀 여행 다녀오려고 하는데 같이 가실래요?"

목요일에 아들에게서 온 전화다.

"토요일에 결혼식이 세 군데나 있는데……."

"웬만하면 저희랑 가시지요. 장인 장모님도 가시는데……."

무조건 그냥 따라나서고 싶다.

차창으로 스치는 영동고속도로는 녹음이 두터웠고 산천은 우렁우렁 초록을 다해 일어서는 풀들과 나무들을 보는 것으로 몸과 마음이 한껏 맑아진다. 고속도로가에 하늘거리는 노란 야생화들과 눈 마주치며 여유부리기에 충분했다. 손가방 하나 챙겨 소풍나서는 심정이었는데 12인승 스타렉스에 여덟 명이 타고 떠나니 수학여행 기분이다.

대관령을 가로질러 강릉 시내가 보이고 우와 바다가 보인다.

추억하게 하는 바다와 기분 좋은 시간, 사돈댁과의 여행길은 여유가 느껴진다. 바다에 엄마를 데려가 준 아들 내외가 고마웠다.

사돈댁과는 틈나는 대로 만나 밥도 먹고 술도 두어 잔 나누고 시골 나들이도 잘한다. 우리의 사돈 사이는 좀 별나다. 어찌 어찌 몇 년을 고락하다보니 나이 비슷한 사돈 사이가 더 편하고 이제는 사돈을 벗어나 '인생의 친구'가 되었다. 나이 들어가는 만큼 인생을 사랑하는 사람은 없다고 했다. 사돈 사이에 스스럼없는 데에는 아들 며느리의 감초 역할, 양념 역할이 우선이지만 그 보다는 사돈에 대한 긍지와 믿음 그리고 소중한 사람과 멋지게 살아야겠다는 서로의 생각이 합일된 때문이다.

처음 들린 곳은 낙산사. 2005년에 큰 산불로 화를 입었던 낙산사가 새 모습으로 다시 서 있다. 10년을 지나 또 다시 10여 년 만에 찾아온 낙산사 입구에는 예전에 없던 푯말이 있다. '길에서 길을 묻다'라고 써 진 나무판의 글귀가 걸음을 쉬게 한다. 북쪽을 넘어온 하얀 구름과 짙은 동해바다의 대조가 선명하다.

자비로 서 있는 해수관음을 만나고 의상대로 발길을 옮긴다. 낙산사를 창건하기 전까지 수행하던 곳, 의상대는 옛 그대로이다.

며느리가 기와불사를 하겠다고 이름을 올린다. 아기 이름과 남편 이름을 쓰고 주소지를 적는다. 그 옆에 서 있던 시아버지는 흐뭇한 마음을 기와불사 값으로 대신한다. 며느리 사랑의 소소한 정감이 부럽기만 하다. 오랫동안 추억할 것 같다. 이제 막 돌이 지난 손자를 안고 온 며느리는 자식을 둔 어미 마음, 그 깊은 마음 드러내 보이고는 해맑게 웃는다. 흐름은 집안의 내력에서 자유롭지 않은가보다. 정겹고 애틋한 대견함이 또 다른 추억의 곳간에 갈무리 된다. 가벼워지는 발걸음에 한 줄기 바람이 스치고 지나간다. 행복의 풍경소리가 함께 울려 퍼진다.

관광객들의 북적거림이 외려 정겨움으로 다가오는 바닷가에서 "굽어보면 천 길 파란 물. 돌아보니 겹겹 푸른 산/ 열길 티끌 세상에 얼마나 가려 있었던가./ 강호에 달 밝아오니 더욱 무심하여라"농암 이현보의 어부 단가 2장을 망연히 떠올리며 농암이 묻혀 사는 즐거움을 이해해 본다.

선선한 바람 쏘이며 소나무 숲 사이를 몇 발짝 걸어 내려가니 탁 트인 바다에 고즈넉하게 자리한 홍련암이다. 하늘이 내려 준 비경이라 했던가. 절벽에 기도처가 평화롭고 여유롭다. 아무 거나 입고 아무 거나 신고 나선 내 차림새처럼 편안한 도량처이다. 삼배 올리는 동안 법당 마룻바닥에 난 구멍 아래로 보이는 바다에 파도가 밀려온다. 짐짓 모르는 채 다가오는 파도는 닫힌 구멍이 아닌 삶의 숨통을 찾아내는 구멍이었고 지침이 없는 파도는 수도승을 닮았다.

홍련암은 먼 수평선을 가져와 행복으로의 회상이다, 추억은 바다에 넘실대고 기원은 내 몫이다. 낯설지 않은 낯섦으로 홍련암 부처님은 나를 내려다보고 웃어 보인다. 새소리 바람소리 파도소리 마저 애타던 마음 날려주니 강호처럼 무심해지면 좋으련만 자연의 깨달음에 나는 늘 지각생이다.

길은 이어졌다. 굽이굽이 돌고 도는 동해의 북쪽 길을 달린다. 여전히 길은 매력적이다. 우리들의 재미있는 이야기가 쉴 새 없어 길은 외롭지 않았다. 어느 덧 그림 같은 낙조에 감동하며 고성군 토성면 용촌리 숙소에 도착했다. 내겐 처음 온 곳이지만 밤바다와 해변의 폭죽을 안주 삼아 막걸리와 맥주를 나눠 마시며 우리만의 평화는 왁자한 행복을 덮고 희망을 포개는 시간이었다.

초여름 밤은 깊어만 갔다. 피로를 덜어내고 웃음이 더한 속초의 밤, 담담한 밤 파도 소리도 운명에 순응하는 우리 일행의 삶을 되새겨 볼 충일한 시간이었고 묵혀둔 이야기로 시간 가는 줄 모른다. 엇박자의 조화를 만난 것처럼 아들, 며느리나 딸, 사위의 신구新舊 세대가 절묘하게 공존한다. 실수와 소란스러운 분위기와 함께 망가져가는 모습조차도 어여쁘고, 가끔씩 저지르는 객기에도 너그러움이 있어 좋다.

다음 날 새벽 나를 부지런하게 만든 건 일출의 장엄함이다. 솔밭 사이 너머 낡은 철조망이 가로 막았지만 그 너머로 먼 바다는 붉은 햇덩어리를 둥실둥실 밀어올리고 있었다. 전율까지 느낀다.

내가 아는 어느 사업가는 일이 안 풀리는 직장이나 가족이 있다면 함께 동해로 가서 일출 보기를 권한다. 그리고 외쳐보라 한다. "한 번 뿐인 인생, 신나게,"라고.

여명 속 살갗에 닿는 소름의 쾌감, 거대한 파도의 뒤척임, 풍겨오는 바다의 짭조름한 내음들이 나를 어루만진다. 해와 바다가 행복한 아침을 연다.

아침 해장을 위해 찾은 곳은 속초의 '사돈집'이다. 웬 사돈집인가. 간판 자체가 대박이다. 아무튼 해장 집으로는 속초에서는 유명한 곳이다. 속 풀이 아침식사로는 단연최고다. 소문대로 묵호항의 곰치국에 지지 않을 '사돈집의 물곰탕' 맛이다.

돌아오는 길에 청평사를 들리고 싶었다. 손 뻗으면 닿을 것 같은 소양강댐을 건너 청평사를 가려는데 배에서 내려 한 시간여 더 걸어야한다는 말에 초입에서 쉬고 말았다. 바깥사돈 어르신만 홀로 청평사로 떠났다. 목적을 두고 꼭 이루어내는 그 분의 부지런함과 인내심일성 싶다. 시원한 그늘 한 뼘이 유혹하는 쉼터에 남은 우리는 산바람 불러 앉히고 메밀 전에 강원도 옥수수 동동주 한 잔씩을 건배했다. 어른들의 소풍에는 그만이다. 숲에서 부는 바람이 땀을 식혀준다. 녹음이 두터운 초록빛 사이의 태양은 우리를 부러워한다.

집을 향해 오는 동안 고성의 푸른 파도와 이틀간의 싱싱한 일상이 어른거린다. 힘겨운 내색은 미소 뒤에 감춘다. 모두가 밝았다.

살아가는 동안 언뜻언뜻 따사롭게 떠오를 것이다.

- 2012. 6

만리포의 미소

'리듬 없는 삶은 고장 난 삶이다.'

고도원의 아침 편지는 나를 바다로 떠나게 한다. 멀지 않은 만리포를 택했다. 비 예보도 있다. 우산을 챙긴다. 감자 몇 알 삶아 가방에 넣고 커피 내려 병에 담는다. 초콜릿과 사탕도 챙기다 보니 어린애가 따로 없다. 누군가 머리를 쓰다듬으며 잘 다녀와 하는 것 같다. 가볍게 떠나자. 일단 떠나자.

서초동 남부버스터미널에 가서 만리포 행 표를 산다. 표 파는 창구 앞에는 인터넷 교환기도 있지만 그런 기계는 싫다. 시외버스터미널답게 창구 앞에서 "표 한 장 주세요. 앞자리로 주세요. 얼마예요?"하며 몇 마디 주고받는 정겨움이 '원시적인 우정' 같아서다.

표를 사고도 한 시간 이상 기다려야 하는 지루함 대신 처음 보는 사람들을 보는 것만으로도 몇 몇 웃음들이 옆구릴 찌른다.

저 높은 구두를 신고 어떻게 다닐까. 아가씨인데 너무 뚱뚱한 거 아니야. 할머니는 서울 딸네 다녀가시나 보다. 보청기를 끼고 가만히 앉아있는 아버지를 딸이 와서 덥썩 안아 일으키는 장면, 남자의 머리를 쓸어 올려주더니 갑자기 쪽 하는 앳된 연인, 스마트폰으로 행선지를 찾다가 드디어 우리 일행에게 다가와 '쓰싼'을 묻는 외국인, '서산'은 알겠는데 임포메이션 있는 곳으로 안내할 뿐, 그 다음은 책임질 수 없었다. 영어 몇 마디는 주고받아야 하는 거 아닌가 하는 미안함이다. 터미널 풍경은 그냥 정이 가고 푸근하다.

고속버스의 한산함을 만끽하며 앉고 싶은 자리를 맘대로 골라 앉는 만족감은 덤이다. 사람이 적으니 버스 안은 조용하다. 내 차 인 것만 같다.

차창 밖을 내다보며 스쳐가는 길가의 꽃들을 본다. 면소재지마다 상징의 꽃들로 길가를 가꾸었다. 여행자들을 위한 배겨다. 좀 더 먼 곳으로 시선을 돌리니 지방색이 확연하다. 산은 밋밋하고 들판이 넓은 충청도 땅이다. 능력 있는 후손들의 유택인 듯 양지에서 햇볕 받으며 옹기종기 모여 세상 살던 이야기를 하고 있는 영혼들의 모습들도 보인다.

공주를 지날 때는 산마다 밤꽃이 흐드러져 피어있다. 서산을 지나칠 때는 가까운 곳 먼 곳 할 것 없이 마늘 밭이다. 캐서 쌓아놓은 무더기도 있고 밭에 깔아 펴놓은 채 일손을 기다리는 마늘도 있다. 미처 캐지 못한 마늘밭은 누렇다.

큰 차에서 내린 곳은 바다가 바로 닿아있는 만리포 해변이다. 해변 모래사장에 버스 정류장인 곳은 이 곳 뿐인가 한다. 어서 오라고 반기는 파도의 외침 소리가 먼저다. 바다를 찾기엔 아직 이른 6월. '꽃보다 바다'에는 잔잔한 바람이 분다. 이곳에 오면 첫 눈에 '만리포 사랑 노래비'와 마주한다. 그 너머에 넓은 바다, 시 같고 노래 같은 서정 앞에 선다.

점심 바다의 손짓에 신발을 벗고 얕은 곳을 걷는다. 기름유출 사건은 간 데 없고 맑은 바닷물이 시원하다. 넓은 바다에서 넓은 마음 만들고 점점 차가워지는 발에서는 열기가 식는다. 식어가는 열기에서 솟아오르는 생각들은 파도타기를 한다.

세상은 얼마나 많은 일들이 동시다발로 일어나고 있는가. 내가 맨 발로 바다를 걷고 있는 지금 이 순간에 누군가는 태어나고, 누군가는 죽음을 앞에 두는 시간일 것이다, 누군가는 그리움에 입술을 깨물고 누군가는 허둥지둥 밥 먹는 시간일 것이고 누군가는 낮잠에 겨운 시간일 것이다. 시간과 시간들이 멜로드라마와 추리소설처럼 여념 없이 돌아갈 것이다. 세상 모든 것엔 명과 암이 있으니.

만리포는 무료하고 쓸쓸할 때가 많을 텐데 내가 있는 동안 외롭지 않았을 것이다. 스산하고 가슴 아린 이야기를 더 많이 품었을 텐데 나로 인해 미소 지었을 것이다. 파도 한 겹 한 겹마다 머무는 고요는 여행자의 상상이기에.

나직한 가게들이 늘어 선 해변 상가에서 '따뜻한 커피'라는 쪽 간판을 보니 마음이 푸근하다. 잡화 가게 앞 파라솔 아래에 앉는다. 커피가 고프다. 해풍 불어 음악을 연주하는 파도소리, 모래 언덕 뒷길에 '해당화가 곱게 핀' 그곳에서 찔레 향기가 가볍게 실려 온다. 고향에 온 착각이다. 어릴 때 살던 탱자나무로 울타리 쳐 진 서천 집에 탱자 꽃이 피었을 때가 떠오른다. 고향이 있어 나는 행복한데 그 행복을 마음속에 소중하게 간직하고 행복을 지키기 위해 무엇을 어떻게 했으며 현재는 무엇을 어떻게 하고 있는지 돌아보게 된다.

모래 묻은 발을 씻고 마음 닦으며 노래를 흥얼댄다. '나의 살던 고향은 ~ ~' '찔레꽃 붉게 피는 ~' '똑딱선 기적 소리~ 만리포라 내 사아랑~' 노래와 마음을 바다로 보낸다. 짧은 여행은 리듬 있는 트로트 메들리를 닮았다. 고장 나지 않은 삶으로 느끼고 노래한다.

해가 길어졌다. 저녁 8시인데도 어둡지 않다.

- 2012. 6

보라카이

정월 대보름날, 보라카이로 떠나다. 추울 때 남쪽 나라 더운 곳에 다녀오자는 아들 며느리의 권유다.

동남아 여행은 날씨 정도만 알아서 여름옷 몇 가지만 챙기면 충분하다. 그러나 두 돌 되는 손자를 동행하는 아들네 짐은 이민 가방을 방불케 한다. 그도 그렇다. 아이의 장남감이며 과자, 간식, 햇반에 보리차까지 끓여가져 가니 짐이 많을 수밖에 없다. 물갈이하면 배탈이 날까, 더운 나라에서 아무거나 먹일 수 없는 어미의 심정이 가방의 크기를 말해 준다. 조언할 생각은 없다. 다만 유모차도 가져간다는 걸 포대기를 가져가서 할머니가 업고 다니겠다는 제안은 해보았다. 아들 며느리가 동의하면서 짐 하나를 줄였다.

비행기 이륙해서 오후 3시 7분, 서울 시간 2시 7분에 칼리보 국제공항에 착륙했다. '기류가 불안정한 지역을 통과하고 있으니 안전벨트를 확인해 달라'는 기내 방송이 몇 차례 나온 뒤 조마조

마하면서 날아온 제스트(ZEST)항공은 4시간 예정대로 무사히 도착했다. 필립핀의 7번 째 큰 공항인데 우리의 시골 시외버스 정류장 같은 분위기다. 입국절차를 마치고 나와 공항 바로 앞 한인 식당에서 점심을 먹는다. 비빔밥인데 불면 날아갈 것 같은 밥에다 불고기 야채들이 모두 짜다. 더운 나라여서 음식이 짠가보다.

소형버스로 1시간 40여분을 산 계곡을 지나 해변에 닿았다. 20여분의 배를 타고 도착한 섬 도착, 보라카이이다.

보라카이와 파나이 섬을 가르는 해협을 지날 때 바다 속까지 훤히 보이는 맑은 물이 인상적이다. 배 양 옆으로는 대나무를 엮어 균형을 잡도록 되어있다. 우리나라의 통통배 수준이다. 숙소에 짐을 풀고 졸음에 겨운 손자를 먼저 재운다.

뒷문을 열고 나가면 뒷 바다, 앞으로 나오면 앞바다. 볼거리도 있는 것도 아닌 작은 섬 보라카이 휴양지다. 말 그대로 아름다운 바다 빛깔에 마음을 우선 빼앗긴다. 즐비한 상가와 아름다운 해변이 조화를 이룬 또 다른 세상에 와있다.

다음 날, 이른 새벽 30여 분 산책을 했다. 바람이 시원하다. 태풍 후에 부는 여풍 같은 바람. 야자수 나무들이 심하게 흔들린다. 간혹 리조트 종업원들과 마주친다. 굳모닝 하고 인사하면 한국말로 안녕하세요하며 인사한다. 오토바이 소리가 아침을 깨운다. 조식 후 일정이 없어 TV를 본다. 한국 TV가 그대로 방영된다. 18대 대통령 취임식을 이국에서 볼 수 있었다.

샤워하는 물이 뻣뻣한 느낌이다. 석회석 즉 시멘트물이라고 생각하라는데 느낌이 좀 그렇다. 섬에서는 좋은 물을 기대할 수 없다.

밖으로 나오니 한여름이다. 섭씨 30도. 거리에는 오토바이의 집합장소 같다. 주요 교통수단인 삼륜 오토바이의 소음으로 정신이 하나도 없다. 오토바이 옆구리에 좌석을 덧달고 4명 정도의 사람을 태우고 질주한다. 관광객들을 태우고 이동시킨다.

세일링 보트는 여행객이 체험하는 필수 코스다. 동력 아닌 바람을 이용하는 보트를 타고 보라카이의 석양을 본다. 배의 양 날개에는 그물이 있다. 한 사람 엉덩이 놓을 만큼의 넓이에 나란히 앉아서 발은 바다에 내려놓는다. 청록빛 물 위에 떠 있는 도너츠 위에 편안히 쉬고 있는 듯한 필립핀의 인어가 되어 일몰을 감상한다. 시간과 자연이 주는 최고의 선물, 엷은 핑크와 오렌지 칼라가 선명한 캔버스 위로 점찍는 석양이 바닐라 구름과 함께 바다로 내려앉고 있다. 낮은 낮대로 밤은 밤대로 황홀한 보라카이다.

호핑투어에 나서다. 늘 아침인사는 새롭다. 굳모닝, 안녕 베이비, 리틀 베이비, 손자는 인기 만점이다. 나무 보트 한 척에 일행 모두 타고 바다 한가운데로 나간다. 낚시 하는 방법을 설명 듣고 각자 낚시줄 받아 고기를 낚는다. 잡혔다라고 소리치면 모두 함께 박수를 쳐 준다. 잡은 고기는 물통에 넣고 손자는 그 물고기

보는 것에 정신이 없다. 잡은 것은 선별해 어린 것은 다시 놓아 준다. 열대어의 아름다움과 바다 속이 다 보이는 맑은 수심에 성게까지 보인다. 감동이다.

낚시 끝나고 선상에서 꿀맛 같은 간식시간을 즐긴다. 망고와 파인애플, 럼주 와인 한 잔씩에 삼겹살 숯불구이에 고추장이다. 망고의 단맛이 피로를 날려준다. 해안에 내려 점심시간을 보낸다. 꽃게찜 요리 뷔페, 무대를 갖춘 대형 레스토랑이다. 무대에서는 강남스타일을 열창한다. 한국인이 많다는 상술이다.

밤바다로 나간다. 손자는 모래밭에서 비틀거리며 넘어지기 일쑤, 엄마와 아빠랑 잘도 논다. 손자와 간지러운 시간을 보내며 잊지 못할 추억을 만든다. 바다를 보는지, 사람을 보는지 관광객들 사이에서 혼란스럽다.

세계 10대 아름다운 해변 중 하나로 평가되는 만큼 화이트 비치의 가루처럼 고운 모래와 맑고 투명한 청록빛 바닷물이 보라카이를 파라다이스로 부르게 한다. 한가로운 곳, 보라카이는 자연 그 자체다.

손자가 모기에 많이 물렸다. 어린 살이 부었다. 얼굴과 팔에 집중적으로 물려 훈장을 달고 온 셈이다. 다행히 배탈도 없었고 원래 순한 성품이어서 여유로운 시간을 보냈다. 현지인들에게도 손자는 인기최고다.

절경의 바다에 마음을 두고 간다. 시리도록 푸른 바다와 배들이 유유히 떠있는 풍경이 오래 남을 것이다.

"바람 맛도 물맛도 짭짤한 ~ 자다가도 일어나 바다에 가고 싶다"는 백석 시인의 시가 생각난다. 산들 바람에 흔들리는 코코넛 나뭇가지는 자연의 멋진 콘서트에 우아한 배우 같다. 이런 모든 광경은 최고의 감독, '자연의 어머니'에 의해 계속되겠지…….

보라카이 여행은 기대 이상이었다. 농익은 망고와 파인애플의 맛은 잊을 수 없다. 모기조차 보라카이의 해변 풍광에 반해 찾아온단다.

오백 번의 사진 찍기와 천 번의 인내를 배우고 떠난다는 보라카이 여행이었다.

- 2013. 2

터키 세미나

- 한국수필가협회가 주최하는 터키 세미나에 참석하다.

늦더위가 물러설 줄 모르던 9월 6일, 서울을 떠났다.

나를 위한 여행이 얼마만이던가. 그동안 문단에서 활동하지 못한 기간이 길어 딱히 안면 있는 문인도 많지 않은 터에 낯선 선후배들과 낯선 곳을 여행한다는 설레임이 마음을 움직인 듯하다. 문인들과 어울려 특별한 추억을 쌓을 수 있는 기회다. 익숙함은 방심을 낳고 낯섦은 관심을 낳는다.

나의 올해 꿈이 이루어지던 오늘, 가까이에서 함께 즐거워해 주던 아들 며느리들에게 미안하고 죄스러웠다. 늘 굼떠 보이는 아들도 엄마의 여행을 도우려 기민하게 움직였다. 열흘 동안의 해외여행 가방이 어깨에 메는 보스턴백에 챙기는 걸 보고 우두망찰한 아들이 케리어 가방으로 서둘러 바꾸어 주었다. 다시 챙긴 가방에 대해 얼마나 잘한 선택이었는지 비행기에서도 머릿속을 떠나지 않았다.

힘들면 쉬어가자는 내 방식대로 떠난 여행이었는데 긴 시간

앉아서 밤 비행을 하는 것만으로 어느새 무리가 오고 있음을 느꼈다. 밤 비행은 처음이다. 잠자며 잠 깨며 온 힘든 시간이다.

이스탄불, 이타티륵크 공항에 내려 새벽을 맞는다. 터키의 아버지라 불리는 허브 공항답게 크기와 규모 분주함이 놀랍다. 유럽과 아시아의 중간, 동서 교역의 요충지에 내가 와 있다. 우리를 마중 나온 커다란 벤츠 버스에 타고 흑해와 이어진 만두 모양의 긴 바다 마르마다 바다를 지난다. 에게해와 지중해와 연결되는 터키에서의 아침을 달린다.

참 좋은 날씨다. 이스탄불에는 가을이 와 있었다. '지금은 건기입니다. 청명한 공기와 좋은 계절에 오신 것을 환영합니다. 축하합니다.' 라는 가이드의 인사를 받았다. 우리나라와 시차가 6시간이니 30시간짜리 하루를 보냈다.

이스탄불의 남쪽과 아시아 대륙의 서쪽 끝자락에 위치해 터키의 과거와 오늘을 연결하는 장소이다. 그리스 로마 시대부터 오스만 제국 시대를 아우르는 1600년 동안 수도로 번성했던 성 소피아 성전이 있는 광장에서 사진 찍기와 휴식시간이 주어졌다. 이곳은 무엇보다 물이 귀하다. 먹는 물은 꼭 사서 먹어야한다.

식탁에는 고춧가루와 후추 가루가 함께 놓이는 곳, 유럽인지 아시아인지 헷갈린다. 상식과 고정관념을 깨고 '삶의 아집' 같은 것을 내려놓게 하는 터키 여행의 시작이다. 인생의 휴식을 선물하는 중이다.

그랜드 바자르에서 자유 관광을 한다. 4천 여 개의 상점이 양편으로 늘어서 갖가지 보석들로 유혹한다. 비잔틴 시대부터 무역의 중심지였다. 이후 터키가 이스탄불을 장악하면서 도시의 경제생활을 부강하게 만들 목적으로 두 개의 아케이드가 만들어졌다. 사람들은 활발한 상업 활동을 위한 더 많은 장소를 필요로 했고 그 결과 주 아케이드의 바깥 부분까지 영역을 확대시켜 나갔다. 오스만 시대를 거치면서 지진, 화재 등으로 여러 차례 소실되었다. 18개의 출입구와 4천여 개 이상의 상점들이 들어서 있다. 가장 큰 바자르 중에 하나로 터키를 방문하는 관광객들의 명소로 꼽힌다.

오르한 파무크의 순수 박물관을 방문하다. 노벨 문학상 수상자의 작품 속에 인물과 쓰던 물건들과 수많은 이야기들을 간직한 공간이다. 철학이 동행하는 여행이다. 여행은 오감이 활짝 열린다. 경험의 양이 많아진다. 내 인생을 위해 무엇을 얻어갈 것인가. 머리보다는 가슴으로 공감해야 어울릴 듯한 여행 첫 날이다.

첫날에 배운 터키어는 고맙다는 표현 '촉 싸올'이다. 많이 고맙다는 '촉 촉 싸올'이다. 아침 인사는 귀나이드. 날이 밝았네 라는 뜻이라 한다.

- 2013. 9. 7

'사랑해요'라고 쓴다

7. 8. 9. 작전이 시작된다. 7시 모닝콜. 8시 아침 식사. 9시 호텔 출발. 정해진 시간에 움직인다. 타국에서 첫 아침. 새벽엔 제법 선선하고 바람마저 차가웠다. 1시간 정도 버스 이동이다. 가이드 알렉스의 <아침에 음악 편지>를 받는다. 특별한 분들께 드리는 노래 선물이 특별하다. 시인과 촌장의 '사랑일기'다.

"새벽 공기를 가르며 나르는 새들의 날개 죽지위에 ~~ 저 아이들의 노래위에 사랑해요 라고 쓴다~~"

노래 선물을 받으니 대접받는 여행, 리듬 있는 여행, 신선한 여행의 시작인 듯 괜찮은 느낌이다.

마르마다해를 다시 지나간다. '샤론의 장미'라고 불리는 무궁화 꽃이 길가에 만발했다. 진리의 상징, 예수의 상징이라 불리는 무궁화 꽃이다. 소나무, 플라타너스, 사철나무등 우리와 같은 종의 나무가 많다.

흑해로 북상하여 50 여분 배를 타고 지중해로 이어지는 바닷

길을 달린다.

카바타쉬 돌마바흐체 궁전에 도착했다. 영빈관식의 술탄 황제가 거처하던 곳이다. 주변 풍광과 잘 어울려 여유로운 인상을 준다. 튜마크 궁전에 살다가 새 집 짓고 이사와 70년을 살다가 나라가 망한 마지막 궁전이라 한다. '신시가의 보스포루스 해협에 원래는 목조 건물이었다고 하는 화려한 석조건축물의 궁전이다. 잘 다듬어진 대리석으로 만든 유럽 스타일의 석조 건물로 보스포루스 해협을 오가는 선상에서 바라보면 더욱 멋지다.

유럽에서 보내온 수많은 현상품과 선명한 색채가 그대로 남아있는 벽들을 보면 호화스러운 생활과 화려함의 극치를 볼 수 있다. 방은 285실이고 놀라운 것은 이 많은 방의 실내장식이 각각 다른 분위기로 꾸며져 있다. 탁 트인 홀에 매달린 수정 샹들리에는 영국의 빅토리아 여왕에게서 받은 것이라는데 무게가 4.5톤이며 750개의 촛불 램프가 켜져 있다.'는 가이드의 설명을 곁들이지 않아도 가히 그 위용에 압도된다. 각 나라에서 온 귀중품들이 정말 호화롭다. 인도의 상아, 중국의 도자기, 천장에는 금 도색, 계단에도 금칠이다. 나무 바닥 또한 아름답다. 가장 호사스런 궁전으로 세계 3대 궁전 중 하나다.

이스탄불의 역사는 아름다운 추억이 될 것 같다.

- 2013. 9. 8

카파도키아

어젯밤 카이세리에서 비행기로 이동했다.

이른 아침 전세버스를 타고 열기구를 타려간다. 열기구에 대한 호기심 앞에 고품격 여행이란 말을 붙이고 싶다. 옵션 상품은 선택할 때마다 비용은 조금 오르지만 언제 내가 다시 터키에 올 것인가. 언제 열기구를 탈 수 있을까 하니 두려움도 믿음으로 느껴진다.

열기구는 모험심을 자극한다. 거대한 풍선이 서서히 오르며 바람의 힘으로 가는 묘미를 함께 느낀다. 눈앞에 신세계가 펼쳐진다. 동시에 떠오르는 50여 개의 열기구의 장엄한 비상이다. 내가 탄 열기구는 볼 수 없어도 마주 바라보는 열기구의 아름다움은 이 세상 최고다. 아래를 내려다보는 아찔함으로 두근거릴 즈음, 동이 트는 하늘은 화려한 색채를 더한다. 기가 막힌 풍경이다.

드넓은 계곡에 마치 동화 속에 들어온 것 같은 버섯모양의 기암괴석들이 장관이다. 무수한 시간의 자국이 만들어낸 자연이 빚은 풍광이 독특하다. 분화로 쌓인 화산재가 침식되어 버섯모양의 기괴한 바위가 형성된 곳이다. 하늘에는 찬란한 여명이, 땅에는 아름다운 경관이, 중간지대에는 내 마음의 멋진 두근거림이 있다. 가슴이 뭉클해져 더 먼 곳으로 얼굴을 돌린다.

1시간 30여 분 동안 공중 관광을 끝내고 무사히 땅에 닿았다. 비행한 기념으로 홍차 한 잔씩을 대접받고 주변을 다시 둘러본다. 허리가 잘록한 작은 유리잔이 귀엽다. 그 사이 각자 이름이 새겨진 조종사 자격증이 주어졌다. 파일럿(pilot) RA HEE JA 2013. 9. 9.라고 쓴 자격증이 인상적이다. 기분이 완전 바뀌었다.

터키 사람들은 친절하다. 열기구에 가스 주입하는 손동작 하나에도 대~한~민~국~. 짜아악~ 짝~ 짝~ 짝~의 엇박자에 맞춰 주입한다. 우리에 대한 배려와 관심이다. 배려심으로 밥 먹고 산다를 실감한다. 꼭 체험해야할 열기구. 카파도키아의 백미이며 터키여행의 절반이라 한다. 해발 3900m, 시위자의 땅이라 불리는 카파도키아의 아침은 그렇게 내 가슴에 각인되었다.

'카파도키아는 BC 190년 로마가 마그네시아에서 승리를 거둘 때까지는 셀레우스 왕조의 세력에 포함되어 있었으나 그 이후는 로마에 충성을 받친다. 11세기 까지 동로마 제국의 보루 역할을 했다. 약 3백만 년 전 화산 폭발과 대규모 지진 활동으로 잿빛 응회암이 뒤덮고 있으며 그후 오랜 풍화작용을 거쳐 특이한 암석군을 이룬다'는 안내를 듣는다.

갈 곳도 많고 볼 것도 많은 터키에서는 부지런해야한다. 한국 사람들은 어딜 가나 바쁘다. 열기구의 감동이 짙게 깔린 채 호텔로 돌아와 아침을 먹고 짐을 챙긴다. 짐을 싸고 푸는 일의 연속도 여행의 일부다.

버스 안에서 잠시 눈을 붙인다. 눈꺼풀은 헤라클레스도 못 당한다는 말이 있다. 아침에 음악 편지를 듣는다. 안도현의 '열심히 산다는 것'의 시를 들으며 2시간 정도 남쪽으로 이동한다. 1850m의 고개 마루 토로스 산맥을 넘어왔다. 지중해 왼쪽의 안탈리아 구시가지다. 토로스는 그리스어로 황소 산맥이라고 한다. 이곳에서 황소는 가축 중에 최고의 맹수로 여긴다. 억센 등줄기를 상징하는 험준하고 첩첩산중이라 그렇게 부른다. 이 산맥을 경계로 기온차가 난다. 낮 기온 32도. 더위에도 그늘은 시원하다. 오는 길에 '동쪽으로 가는 기차 여행'의 작품 속에 나오는 크리미 전쟁 때 나이팅게일이 근무하던 곳을 멀리 바라본다.

괴레메 야외 박물관에 도착하니 비둘기 계곡이 눈길을 끈다. 비둘기 집으로 가득한 바위산의 우치사르 피브란트 계곡, 파샤바 계곡 관광이다. 10세기 이후에 생겨난 동방 교회의 부흥을 엿볼 수 있었다. 바위에 구멍을 파서 기도처로 삼은 곳이 절경을 풀어낸다. 벽화는 원형에 가까운 색채를 보존하고 있다.

콘야로 이동했다. 더운 지역이다. 밀농사가 주된 작물이다. 농사지은 양질의 밀가루로 갓 구운 빵이 정말 맛있다. 3시간 반 동안 벤츠 버스로 이동한다. 석회암을 희석시키는 포도 농사가 발달되어있다. 땅이 지천인 너른 대지는 버려둔 땅은 놔두고 농사 짓는 곳에만 스프링쿨러가 돌아가 푸르게 푸르게 펼쳐있다.

기독교인들이 박해를 피해 숨어 지낸 도시, '데린구유'를 관광한다. 바위를 징으로 파내어 그들의 피난처 교회를 만들었다. 깊이가 55m, 지하 8층 규모에 이른다. 옛사람들의 숨결이 남아있는 좁고 낮은 동굴에서 인간의 시간이 느껴진다. 백년도 살지 못하는 우리 인간이 거대한 시간 앞에, 그 규모 앞에 깊이라는 걸 느낀다.

터키는 어디인가. 조각 조각난 이야기가 모여진 땅이 터키다. 유프라테스강 상류에서 메소포타미아 문명의 발상지까지다. 문자와 종교라는 두 기둥이 서양문명의 씨앗을 품고 있다. 내 생애 한 번쯤은 꼭 보고 싶은 나라였다.

저녁에 돌아와 호텔 내 세미나 룸에서 '수필에 관한 토론과 강의'가 있었다.

어둠은 내려와 도시를 감싸고 나는 터키의 달을 본다.

- 2013. 9. 9

속도는 풍경을 앗아 간다

거대 산맥 토로스 산맥을 되돌아 넘어오다.

2시간 여 전용버스로 이동. 산 정상에서 점심으로 송어구이와 비빔밥을 먹는다. 후식으로 나온 수박이 아주 달다. 매번 김치가 없어도 나는 밥을 잘 먹는다. 음식 문제는 어딜 가도 전혀 문제가 없다. 양고기는 냄새 날까봐 먹진 않았지만 녹두죽이 스프로 나와 맛있었다. 토마토와 오이는 단골 메뉴이고 와인도 상큼하다.

산맥을 내려오는 동안은 알렉스는 잠시 쉬고 마이크는 작가들에게 넘겨졌다. 터키에 온지 나흘 만에 서로에게 '자기소개'하는 시간이다. 나에게도 마이크가 주어졌다. "인천공항에서부터 이스탄불까지 오는데 정말 행복했습니다. 새로 친구로 만난 룸메이트 부이사장을 만나 더욱 행복했습니다. 터키에 와서 많은 행복을 얻어갑니다. 앞으로 수필을 쓰는 한 행복하겠습니다."라고 했다. 작가들의 자기소개는 모두 개성이 있다. 저마다 이야기가 소중한 여행길이다. 차창 밖을 내다보며 상념에 잠긴다. 안도현의 시

<열심히 산다는 것>을 알렉스가 들려준다. 유서 깊은 터키에서 듣는 우리의 시는 더욱 마음을 움직인다.

안탈리아 시내 명소 관광 날이다. 쪽빛 바닷물 절벽 앞에 와있다. 지중해의 끝 안탈리아의 구시가지다. 이스탄불의 대표적 관광지 톱카프(TOPKAPS) 궁전의 거대한 성문이다. 성전을 걷는다. 로마 시대의 긴 대로로 연결된다. 넓은 땅을 정복한 지금의 성터는 가도 가도 이어지는 길과 침묵의 시간이다. 이 길을 걸으면 마치 인생은 잠시 머물다 가는 구름 한 점에 불과하다. 다만 몇백 년, 몇천 년의 시간을 벌어오는 것이 여행인가 싶었다.

어디선가 기도하는 시간이 온 도시에 울려 퍼진다. 기도할 시간을 알려주는 소리, '아이~ '하는 노랫가락 같은 소리는 확성기를 통해 울려 퍼지는데 그 소리가 얼마나 큰지 깜짝 놀란다. 하루에 다섯 번 예배를 알린다. 이슬람 신앙의 생활화다. 터키는 모든 것이 알라와 통해있다. 정확한 시간에 이 순간만큼은 도시가 고요하다. 참 못말리는 종교다. 종교에 절실하지 못한 내가 이상한 것인지. 종교 활동이 활발한 한국이라는 곳에 살면서 종교에 덤덤한 반응을 보이는 내가 낯설게 느껴지는 것을 어떻게 설명할 수 있을까.

기도하는 사람을 무에진 이라 부른다. 아잔, 에잔이라고도 한다. 그들의 음성으로 <알라는 위대하시다. 기도하는 것이 잠자는 것보다 유익하니 기도하라>는 뜻이란다. 종탑마다 마이크가 달려 있다. 기도하는 사람은 일정기간 교육을 받고 성직자 공무원으로 정부에서 돈을 받고 일을 한다. 단 신도들은 일체 돈을 내지 않고 정부에서 관리한다.

호텔에 오는 길에 알렉스가 들려주는 시에서 마음은 다시 푸근해진다. 이해인의 시 <오늘은 어떤 기도를 받쳐야 할까요>를 듣는다.

"제가 살아있음으로 살아있는 또 한 번의 새 날을 맞아 오늘은 어떤 기도를 받쳐야 할까요. 제 작은 머릿속에 들어 찬 갈래의 생각들도 저의 작은 가슴 속에 돋아나는 느낌들도 오늘은 더욱 새롭고 제가 서 있는 이 자리도 함께 살아가는 이들도 오늘은 더욱 가깝게 살아옵니다. 지금껏 제가 만나왔던 사람들 앞으로 만나게 될 사람들을 통해 만남이 소중함을 알고 삶의 지혜를 깨우쳐 주심에 거듭 감사드립니다. 오늘 하루의 길 위에서 제가 더러는 오해를 받고 가장 믿었던 사람들로부터 신뢰받지 못하는 쓸쓸함에 눈물 흘리게 되더라도 흔들림 없는 발걸음으로 길을 가는 인내로운 여행자가 되고 싶습니다. 오늘 하루 맡겨진 시간의 옷감들을 자투리까지 아껴 쓰는 알뜰한 재단사가 되고 싶습니다. 하고 싶지만 하지 말아야 할 일과 하기 싫지만 꼭 해야 할 일들을 잘 분별할 수 있는 슬기를 주시고 무슨 일을 하든지 그 일 밖에는 없는 것처럼 투신하는 아름다운 열정이 제 안에 항상 불꽃으로 타오르게 하소서. 모든 것이 감사했습니다. 모든 것을 사랑했습니다. 나직이 외우는 저의 기도가 하얀 치자꽃 향기로 오늘의 저의 잠을 덮게 하소서."

라오디 게아로 이동하는 중 듣는 시는 느낌이 다르다. 고단한 마음을 어루만져준다. 1500m의 올림포스 키메라의 산이다. 신들의 고향이라 부른다.

참 호강이다. 하루 세끼 다 해놓은 음식 먹기만 하면 된다. 고분고분한 아가처럼 시키는 대로 말 잘 듣는 지식인들이다. 버스에 타라면 타고 내리라면 내리고 화장실 가라면 줄줄이 서서 화장실 들어가고 식당에 데려가면 눈치껏 자리에 앉아 두 사람 아니면 네 사람씩 식탁에 앉고 먹으라면 먹고 다시 화장실에 다녀온다. 골치 아픈 일들 다 잊고 한시적인 바보가 된다.

매혹적인 터키에 빠져드는 날들이다.

\- 2013. 9. 10

이야기가 많은 여행길

라오디게아에 오다.

소아시아 프리지아의 수도이자 의료도시다.

히잡 쓴 여자들이 많다. 가장 이슬람적인 곳. 터키 여인들은 인형 같다. 아이들은 더 말할 것 없다. 키도 크지 않고 눈빛들이 선하다. 그들의 눈빛에서 인샬라(뜻대로 하소서)라고 외치는 믿음이 다가온다. 눈 코 입이 완벽하게 조화를 갖춘 미모, 잘 생긴 얼굴들이다. 아가들의 얼굴을 보면 눈을 뗄 수가 없다. 결국 아가를 안고 사진을 찍었다. 베르메르의 그림에서 본 것 같은 소녀상 같은 수려한 외모에 넋을 잃는다.

아침 이른 시간에 유람선을 타다. 눈부신 쪽빛 바다를 감상하며 선상에서 작품 낭송이 시작되었다. 자신의 작품을 낭송한다. 바다의 물빛에 넋을 잃은 어느 작가는 시로 대신한다. 서정주의 '바다'를 간절하게 지중해에 풀어놓는다.

"귀 기울여도 있는 것은 역시 바다와 나뿐~~. 아~. 반딧불만

한 등불 하나도 없이, 무언의 해심에 홀로 타오르는, 한낱 꽃 같은 심장으로 침몰하라~ 아~ ,스스로 이 푸르른 정열에 넘쳐 웅얼거리는 바다여~. 파도여~!"

일행의 시선이 모두 모아졌다. 전율이다. 박수가 이어지고 아름다운 짙은 푸른 물결위에 시는 부유하고 있다. 시를 읊어주는 사무치는 목소리와 지중해의 야들야들한 물빛이 어울리는 잊지 못할 행복의 순간이다.

이어 아바의 '안단테'를 듣는다. 음악이 끝나고 알렉스의 해설이 기막히다. '수필을 쓰며 안단테로 돌아가시길……. 아니면 최소한 알레그레토로 가야한다. 템포는 안단테, 때로는 아르고로 쓰여 지길……. 주변에 평화를 뿌리고 장수와 건강에 도움이 되는 글쓰기를 하시라'는 명언이다.

커다란 배는 우리만을 태웠고 문학인의 기질을 맘껏 펼치게 했다. 수량이 가장 많은 폭포를 기점으로 배는 회향하면서 무지개 선명한 그곳에서 잠시 사진을 찍는다.

배에서 내려 전용버스를 타기 위해 나오는 길목은 깔끔하면서 아기자기한 골목이다. 부겐베리아 꽃이 담장마다에 만발해 있다. 우리의 인사동과 같은 분위기다. 눈 귀가 즐거워지는 경험이다. 관광객들이 많고 활기에 넘친다. 이태리 봉숭아라 불리는 꽃도 한창이다. 빛깔도 이름도 아름다운 꽃을 누구든 좋아하지 않을까. 마음을 위로 삼는 작가들이 많아 보인다.

전용버스에 다시 오르고 안탈리아에서 서북쪽, 토로스 산맥의 서쪽으로 넘어가는 도중 알렉스의 축구 이야기가 시작되었다.

축구 이야기는 격동의 드라마보다 격정적인 대하드라마와 같은 이야기다.

11년 전 붉은 악마의 구호를 기억해 주는 나라, 기억하는사람들이 있을까. 터키인에게서 축구가 무엇이냐 부터 알아야 한다. 터키인에게 축구는 삶의 유일한 낙이다. 오로지 축구다. 신문에도 축구 기사만 실린다. 프로 축구팀이 200개가 된다. 각자의 연고지 따라 응원한다. 부부나 부모, 연인 관계라 해도 각자 자신의 연고지 소속팀에 응원한다. 응원하는 팀에 바치는 충성은 무덤까지 간다. 그렇게 축구를 사랑하는 나라가 유사 이래 처음으로 본선에 진출했다. 48년 동안 올림픽 본선 진출을 하지 못했다.

지상 최대의 잔치는 월드컵이다. 중계권 수익률 분배도 있다. 흥행을 좌우한다. 그래서 올림픽은 재미도 있어야 한다. 재미있는 경기가 펼쳐져야 관심도 크다. 2002년 월드컵은 어찌 되었건 주최국이 결선에 올라야 흥미와 재미를 더한다.

다른 경기와 달리 축구에서만큼은 주심은 하나님이다. 주심이 반칙을 선언하면 끝이다. 축구는 인간이 정한 가장 작은 점수다. 업사이드도 있다. 주심에게 절대적인 권한을 주는 경기다.

조별 예선에서 터키는 브라질을 만난다. 그 절대적인 권한을 가진 한국인이 심판이고 터키인들은 한국인 심판에게 기대를 건다.

남미 축구 대표 브라질과 유럽 축구 대표와의 만남, 스페인을 제치고 8강, 4강에 올라야한다. 터키는 브라질과의 첫 경기에서 1골, 후반에 또 1골 내주고 전반에 옐로우 카드 받은 선수가 후반에 반칙을 하고 퇴장 당한다. 종료 5분 전1골 내 주고 2대 1이 될 순간에 김용두 심판이 브라질에 프리킥을 선언. 히바우드 선수가 골을 넣는다. 1명 부족한 터키에 찬물을 끼얹는다. 불리한 심판을 내린 것이다. 골 넣기 전에 논란도 있었지만 오심도 경기의 일부라는 주장이다. 모든 경기는 페어플레이라고 주장한다. 김용두 심판은 경기 자체에 지금까지도 노코멘트다. 터키 선수들은 퇴장 명령을 내린 한국 심판에게 경기에 진 원인을 돌린다. 6. 25 전쟁 때 터키 가족 수백 명이 부산 묘지에 묻혀있는 형제의 나라로 여긴 한국이다.

그러나 축구에서는 <친구는 등이다>라고 말하며 서로 등을 보일 수 있는 상대라고 터키는 말했다. 그 때의 처절한 분노, 배신감을 아나운서가 열변을 통해 전 터키국민에게 알린다. <50년 전에 800명이 한국을 위해 죽었는데 오늘은 7천만 터키 국민을 학살했다. 의리도 우정도 모르는 한국이다>라고 방송 했다.

인류애를 생명처럼 여기는 터키 선수들은 배반당한 국민, 찢긴 가슴 부여잡고 16강에 오른다. 8강, 4강까지 숙원이던 우리는 독일에 1대 0으로 지고 터키도 브라질에게 2대 1로 진다. 그리고 3, 4 위전에서 우리와 만난다.터키로서는 꿈에도 싫은, 아니 갈아 마셔도 시원치 않은, 원수 같은 나라다. 그러나 심기일전해서 우리와 싸우자고 다시 뭉친다. 그 때 누구의 발상인가. 터키를 다독여야한다. 품어 주어야 한다는 생각을 한다. 붉은 악마들이 식전 행사에 터키의 붉은 기를 펼쳤다. 사상 최대의 커다란 국기와 카드섹션을 펼친다. <우리는 하나다. 우정은 영원히>라는 글을 관중석에 새기고 양 손에는 두 나라 국기를 쥐고 있다. 치열한 전투의식에서 우호적인 이런 분위기는 무엇인가, 요즘 우리말로 <멍 때린다>는 표현이다. 그 장면을 본 터키 아나운서는 감동을 받는다. <50년 전의 우정을 고개 숙여 감사한다>고 고국에 전파를 보낸다.

경기가 시작된다. 우리가 먼저 1골을 허용한다. 다시 2골을 허용하며 손님 접대를 잘해 가고 있다. 이기는 쪽과 지는 쪽이 다 재미있을 즈음, 페널티킥으로 이을용이 눈도장 받고 한 골을 넣는다. 2대1, 다시 3대1을 내준다. 이겨도 기분이 덜 좋을 걸 안다. 종료 5분 전 송종국의 크로스가 너무 좋아 한 골 넣어 3대 2로 경기는 끝난다. 흥미로운 고민까지 하면서 우리는 졌지만 체면치레는 했고 이긴 팀에게 기분좋게 해 주었다. <이보다 더 좋을 순 없다>는 말 그대로다. 배신이 아니라 따뜻하게 함께 한 신뢰, 우정을 재확인한 경기다. 터키와의 감정은 봄눈 녹듯이 사라졌다.

축구라고 하는 단순한 경기가 아시아 대륙의 동쪽과 서쪽을 묶어주는 경기가 되었다. 지금도 이슬람권에서 가장 한류 바람이 분다. 한국어를 배우려는 수요도 급증하고 있다. 그래서 어제 우리가 탔던 열기구의 가스 주입 때에도 한국인을 위해 그들은 '대한민국'의 네 박자 장단에 맞춰 '치이익칙 칙 칙'하며 넣는다고 한다. 그래서 터키인들은 한국인을 잊을 수가 없다. 그러니 가게 앞을 지날 때나 거리에서도 '대한민국'을 연호한다.

가이드 알렉스는 아는 게 참 많다. 격동의 드라마 같은, 격정적인 대하드라마 같은 2002년으로 우리 모두는 되돌아갔다. 이 이야기를 내 아들들에게도 들려주고 싶다.

힘겨운 여름을 지낸 나에게 여행은,

가을 수확 같은 낟알을 품는 삶의 쉼표이다.

- 2013. 9. 11

파무 칼레

여유만 된다면 터키의 모든 곳에서 하룻밤씩 머물고 싶은 생각이 든다.

터키의 하늘은 어떤 색인가. 우리 하늘과 다를 바 없다. 청명한 가을색이다. 눈부신 쪽빛, 몇 점의 구름, 특별한 평화로운 아침이다.

터키의 남부 데니즐리, 온천 도시 파무 칼레다. 멀리 보면 설산 같은 파무 칼레 분지가 바다처럼 펼쳐 있다. 대자연의 예술품이다. 파무는 목화, 칼레는 성이란 뜻으로 마치 목화성을 보는 듯하다. 수천 년을 흐르는 온천수가 산의 경사면을 따라 내려가 석회질로 덮여 독특한 풍광을 자랑한다. 석회봉으로 이루어진 족욕장이다. 이집트의 클레오파트라가 다녀갔다는 곳, 터키 3대 관광 도시다. 나도 여행 중에 족욕을 하고나니 이보다 더 좋을 수 없다. 따뜻한 온천수에 발을 담았으니 따뜻한 마음 아고 길을 나선다.

아침에 음악 편지 들으며 이동한다. 일렉스의 유머가 발동한다. 요즘 유행하는 '알랑가 몰라'를 일본말로는 '아리까리', 프랑스어로는 '알쏭달쏭', 독일말로는 '애매모흐'라고 한다. 긴가민가의 우간다 말은 '우가 우가'. 중국어는 '갸우뚱 갸우뚱' 화장실 어디냐고 물을 때는 중국어로 '어디 똥싸'. 슬리퍼는 실내에서 신는 신발이고 쓰레빠는 찍찍 끌고 밖에 나가는 신을 말한다. 여지없이 한국 언어의 자부심을 돋운다.

우리말은 이 지구상에 남아있는 마지막 동사 중심의 언어다. 동사를 많이 써야 살아있는 글이다. 언어는 실체를 구사하는 동사다. 자신의 이름 석 자에 나를 다 담을 수 없듯이 철학적인 입말이 되는 단어 하나 파고들면 글이 된다. 유머로 시작했으나 결론은 알렉스의 지식을 나누어 준다. 알렉스는 우리 일행의 동반자 관계를 톡톡히 묶어내고 있다.

조금씩 풍경이 바뀐다. 파무 칼레 히에라 폴리스다. 거대한 넓이의 신전 발굴 현장이다. 성스러운 도시라는 이곳은 히에라를 기념하기 위한 도시였는데 지진으로 파묻혀 있던 고대도시다. 신전에 있던 부서진 조각상이 많다. 원형대로의조각은 없었다. 원래의 조각이 보고 싶었다. 유적지는 면적도 엄청나다. 도시 전체가 지진을 당해도 옛날의 역사를 완전히 지우지는 못했다. 헬레니즘 시대 건축되어 2만 4천 명을 수용할 수 있는 대극장. 그 넓은 곳에 확성기가 없어도 말을 전달 수 있었다. 항아리를 계단

밑으로 연결하여 공명식 소리 전달식으로 만들어졌다. 이슬람을 다시 들여다본다. 느낌이 어떤가 묻는다면 대단하다 라는 말뿐이다.

포도주 마을 쉬린제 가는 길가에 양귀비 제배가 드넓다. 쉬린제는 예쁜 동네로 구성되었다는 이름이다. 정감 넘치는 시장 골목들이 많다. 우리네 시골 장터 같은 기분이다. 느리게 느리게 걷는다. 터키말로 야바쉬 야바쉬라고 한다. 집집마다 석류가 탐스럽게 익어간다. 올리브 나무도 천지에 널려있다. 이곳은 딸을 낳으면 올리브 나무 한 그루 심는다. 목질이 단단하여 혼수로 쓰인다. 우리와 다르지 않다. 무화과 나무 또한 많다. 수치를 가리기 위한 아담과 이브의 잎이자 아테네의 신이 내린 선물이다.

미각의 도시 셀축으로 간다. 가장 인상적인 에페소(EPHESUS)다. 유럽에서 보면 아시아로 가는 대문 격이다. 시리아 풍으로 조각된 신들의 부조 하드리아 누스의 문과 사도 요한의 묘가 있다. 12제자 중 빌립보의 순교자이기도 하다. 서기 80년 순교한 빌립보는 나무에 매달려 돌에 맞아 죽는다. 초기에 예수를 믿는다는 건 곧 죽음이다.

14세기 쯤이다. 지금은 접근이 쉽지만 몇 세기 전에 지었다고는 믿기지 않을 정도다. 묘지 위를 중심으로 십자가 성전이 건립되었다. 기독교 교회를 만날 수 있는 터키의 다양성에 사람과 역사를 만난다.

'인샬라'라는 말을 다시 듣는다. 힘든 일이 찾아올 때마다 상황에 저항하지 않고 받아들여라는 말 뜻이다. 터키 사람들은 크고 작은 상처가 생길 때마다 순응하는 자세로 언젠가는 밝은 햇살이 퍼부어 줄 거라는 기대를 안다. 그 때 '인샬라'를 외친다. 우리말의 '진인사대천명'과 같은 뜻으로 '알아서 한다'는 뜻이다.

에페소에서 유래하는 터키산 맥주 에페스(EFES)는 유일한 이곳의 맥주다.

이즈밀 공항으로 간다.

이즈밀은 실크로드의 한 길목이다. 에페소까지의 목화 농사지역이다. 고대 도시 콜로세움을 품고 있는 산을 지난다. 호메로스가 태어난 곳이며 서양 문학과 서양 역사, 철학의 출발지다. 이오니아 도시이며 트로이 전쟁의 무대이다.

밤늦은 시간, 이스탄불에 도착하여 호텔에 짐을 풀다. 별도 보이고 공기가 맑아 하늘이 온통 내게로 다가온다. 달이 배부르기 시작했다. 서울에 돌아가면 추석 명절이다. 왠지 마음은 허하고 메마른 느낌이다.

- 2013. 9. 12

시간이 흘러

인생이란 여행과 공통점이 있다. 반드시 시작한 곳에서 끝난다. 내가 어디로 가서 무얼 할지를 알면 인생을 즐길 수 있다. 어디서 시작해서 어디로 가는지 모르기 때문에 인생길이 불행하다. 지구라는 학교에 왔는데 다양한 것을 모두 경험하자는 뜻이 여행이다. 소중한 나머지 시간이 되길 바라는 알렉스의 아침 인사 또한 철학적인 여행멘트다. 터키 여행을 마무리하는 날에 알맞은 인사답다.

처음 우리가 도착했던 곳 이스탄불에 다시 돌아왔으므로 한국으로 떠날 때까지는 밤을 새워야하는 긴 하루 긴장하는 날이다. 그에 맞게 아침에 음악편지는 그림을 그린 듯한 시, 정지용의 '향수'로 시작한다.

아야 소피아 성전을 입장한다. 첫날 광장에서만 바라보던 사원이다. 광장에는 '이스탄불 - 경주 세계문화 엑스포 2013'이 열리고 있음을 알리는 태극기와 터키 국기가 가득하다. 문학, 미술,

음악, 공연 등을 망라한 대향연이 펼쳐진다. 광장에서 태권도 하는 한국학생들을 보았다. 얼마나 반갑던지.

궁전 안으로 들어가 특별하고 장엄한 위용을 관람한다.

지하 궁전이라 불리는 지하 저수지 예라베탄 사라이를 들렀다. 뱀 기둥이 서 있는 히포 드럼, 푸른 타일로 각기 독특한 문양을 한 술탄 아흐멧 사원, 블루모스크 관광 들이 잊기 힘든 감동으로 남아있다. 피에르 로테 공원의 비극적인 사랑 얘기가 전해지는 찻집에 들렀다.

마지막은 멋진 야경이다. 조명 받는 성전을 배경으로 사진 찍기에 바쁘다. 무어라 표현할 수 없을 정도로 아름답고 그저 느낄 뿐이다. 지중해 불빛에 잠겨 터키 커피를 마신다. 커피에는 이야기가 있다. 커피를 즐기지 않는 나에게도 터키에서는 한 잔의 매력을 따라 준다.

'터키 사람들은, 특히 젊은이들은 커피를 마시고 난 후에 잔 바닥에 나타나는 앙금의 모양새를 보고 운명을 점을 칩니다. 커피 가루가 가라앉는 걸로 점치는 이들의 커피를 경험상 마셔 보시길' 권한다.

느끼지 못했던 터키의 커피 맛은 솔깃한 이야기. 요즘 말로 바꾸면 가치 있는 콘텐츠를 얘기하고 있다. 마시는 것 외에 듣고 바라보고 누리는 것이라는 표현이 정확하다.

이스탄불의 야경을 즐기며 옆 자리에 앉은 터키 사람과 내가 커피를 함께 마신다면 찻잔 바닥에 그려지는 무늬는 어떤 운명의 모양으로 나타날까.

1952년 한국전쟁 때, 삶과 죽음의 경계를 함께 한 터키 사람들이다. 그들과 나눈 것은 우리를 기억하는 '아리랑'과 2002년의 월드컵으로 각인된 '대~한~민~국'의 상징이다. 형제라는 운명의 하트모양이 진정한 사랑으로 나타나지 않을까. 찻잔 안에서 피어나는 점괘와 함께 찻잔 너머에 '갈라타' 다리의 불빛이 보석처럼 휘황하다.

커피보다 진한 터키의 의미는 무엇일까.

동양 같기도 서양 같기도 한 중앙의 터키, 서로 다른 것들이 오랫동안 만나왔던 곳, 유럽과 아시아를 합치는 곳, 다른 것이 만나서 새로운 것이 창조되어 터키는 자기 색깔이 없다. 종교든 사상이든 관습이든 다양성을 담아 녹여내는 가마솥 같은 나라다.

시간이 흘러 여행은 빠르게 지나가 버렸다. 다 보지 못한 풍경은 다시 오게 할 이유가 될 것 같다. 다시 새 짐을 꾸려 새 길을 나서야 할 것 같다.

담담한 이별이다.

- 2013. 9. 13

제6장. 느리게 살기

속도가 무엇이든 가치를 결정하고 무한 속도 경쟁을 하고 있다. 총알 택시, 총알 배달 같은 말이 생겨난 것처럼 '급'이란 말이 시선을 받는다. 급매물, 급성장, 급가속, 급등……. 그러나 악기가 너무 팽팽하거나 느슨해져도 소리가 잘 나지 않는 것처럼 소통과 배려, 여유, 포용, 느림과 휴식을 조화롭게 산다면 감사함이 내면을 길들여 주는 것 아닐까. 나 자신에게 묻는다. 왜 그리 바쁘게 사느냐고.

길상사

꽃이며 나무들이 제 빛을 자랑한다.

"영산홍 붉은 꽃잎 하도 예뻐서 가는 봄 잡고서 혼자 울었소" 라는 노래가 생각난다. 싱싱하고 푸르른 나뭇잎들이 아직은 연하고 풋풋하다. 길상사 연등 아래 그늘이 그렇고 오솔길 숲길이 그랬다.

둘째 아들 내외와 손자 그리고 막내아들 내외를 데리고 길상사에 다녀왔다. 할아버지 모셔진 그곳에 인사도 드릴 겸…….

연등에 비치는 손자의 해맑은 미소가 동자승 같다. 그 천진한 웃음이 어른이 될 때까지 이어졌으면 한다. 쑥도 삼(麻)밭에 자라면 붙들어주지 않아도 저절로 곧아진다는 말이 있다. 삼은 곧게 크는 식물이다. 옆으로 자라는 쑥도 삼밭에 있으면 삼의 영향을 받아 곧게 자란다는 뜻이다. 부모가 본보기를 보일 때 자녀들도 인성을 제대로 갖춘 반듯한 인간으로 성장한다는 비유다. 얼마나 잘 지켜주며 거울처럼 보여야할지 부모 못지않은 관심과 노력이 필요하다.

길상사는 녹음이 짙어가고 있다. 이 같은 5월을 피천득 선생은 "금방 찬물로 세수한 스물한 살 청신한 얼굴"이라고 했다. 바람도 알맞게 불고 구름 한 점 없는 맑은 하늘이다.

길상사에 대해서 아들 며느리에게 내가 아는 만큼의 이야기를 들려준다. 70년대 고급요정의 대명사였던 대원각이 시민들의 안식처가 되는 길상사로 탈바꿈했다는 얘기부터 당대 인기가 있던 백석은 많은 여성들의 사랑을 받았다. '모가지가 길어서 슬픈 짐승이여!'로 시작하는 <사슴>의 시에서도 노천명은 백석을 말했단다. 백석의 사랑은 늘 비극적이었다. 요정 대원각의 주인으로 법정 스님에게 길상사를 기부하는 김영한씨와의 사랑 이야기도 아들들에게 전해 본다.

불경에 있는 '내 모습이 바르지 않으면 그림자가 곧을 수 없고 내 소리가 곧지 못하면 메아리로 울려 퍼질 수 없다'는 한 구절을 해 봄직 했지만 아낀다.

부처님 오신 날에 길상사를 다녀온 보람이다.

- 2013. 5

여명이 아름다워

여명의 신비를 구름이 받들고 있다.
세상 모두를 사소한 것으로 만들 만큼의 아름다움이다.
단아한 고요, 하루의 시작이 고와진다.
하늘이 그냥 하늘일 때는 부드러운 상념이다.
곤한 마음 달래주고 평화롭다.
지쳐있는 마음 다독이고 한숨을 받아주고
때로는 편안과 눈물을 성숙시킨다.

하늘을 보기 시작하면서 어른이 되어왔다.
하늘을 통해 삶의 모서리를 알았고
이해와 용서의 세상으로 들어왔고 배신이 득세하던 시간도
하늘은 나의 중심에 있었다.
나에게서 진실을 끄집어내었다. 그리고 위안이었다.

하늘은 내가 바라보지 않으면 눈을 마주치지 않는다.
이해와 용서를 가능케 한 저 하늘의 눈 맞춤이
한 순간 먹구름과 천둥 벼락으로 나를 외면할 때도 있다.
산다는 게 그런 것인지.
아무리 간절하게 소원하며 살아도 상처 입을 수 있으니
하루하루를 더 고마운 마음 일구며 보살펴야 하는 것,
그것이 하늘이 바라는 것인지도 모른다.

아침을 여는 붉은 여명을 자꾸 보게 되는 나날이다.
서재에서 거실에서 가슴 속 붉은 단심을 하늘로 보낸다.
오늘도 여명을 바라보는 것만으로 마음의 짐이 사라진다.
고마움이 시작되는 순간이다.
여명을 볼 때마다 어제처럼 기도한다.
지금처럼만 살게 해달라고
더는 바람이 불어오지 말고
더 이상의 슬픔도 기쁨도 찾아들지 말라고
가끔은 미안한 가슴으로 살게 해달라고
덜 쓸쓸하고 덜 우울하게 새벽을 맞으면
아름다운 석양을 볼 것이다.
곧 석양을 보게 될 것이므로.

- 2013. 10

느리게 살기

등기 우편물 배달이 왔다. 우체부 아저씨의 손에 들린 전자 싸인 기계에 이름을 써 주고 다른 종이에 서명 날인을 해주고 나서야 등기 우편물을 받을 수 있다.

일하는 사이에 받은 것이어서 손에 물이 묻은 채 마음만 급하다. 글씨를 최대한 빠르게 휘갈겨 썼더니 아저씨가 한 말씀 하신다.

"천천히 쓰세요. 죄송하지만 다시 한 번만 써 주세요. 예……. 천천히……. 여기도요……. 천천히요……." 다시 쓰게 되어 미안했다. 뭐 그리 바쁘다고 이름 석 자 쓰는데 그렇게 서두를까.

얼마 전에 산에서 내려오다 칡넝쿨에 걸려 넘어졌다. 길이 아닌 길에 들어섰다가 우거진 칡 줄기에 걸린 것이다. 서두르지 않고 조금 돌더라도 길을 찾아 천천히 내려왔으면 다치지 않았을 것을.

넘어지면서 가운데 손가락 두 개가 나뭇가지에 찢겼다. 살이 많이 떨어져 나갔다. 간신히 마을까지 내려와 첫 집에 들려 도움을 청했다. 마침 마당에 수돗물이 있어 상처를 씻고 주인아주머니가 연고를 바르고 붕대로 감아주었다.

"어쩌다가 이렇게 많이 다치셨어요. 도토리 주우러 오셨나요?" 하며 안타까워 묻는다. 멋쩍게 웃으며 "좋은 일이 생기려나, 땅에 절을 하고 가네요"했더니 "참 표현이 좋으시네요"하며 함께 웃었다.

두어 시간이 지나고부터 부어오르고 욱신거려 온다. 결국 병원에 가서 응급처치 받고 약을 받아왔다. 이제는 천천히 살펴가며 살아야겠다.

빨리만 달리던 세상을 조율하고 몸도 조금씩 느려져야 한다. 혜민 스님도 '멈추면 비로소 보인다'고 했다. 나태하고 게으른 행동과는 다르다.

속도가 무엇이든 가치를 결정하고 무한 속도 경쟁을 하고 있다. 총알 택시, 총알 배달 같은 말이 생겨난 것처럼 '급'이란 말이 시선을 받는다. 급매물, 급성장, 급가속, 급등……. 그러나 악기가 너무 팽팽하거나 느슨해져도 소리가 잘 나지 않는 것처럼 소통과 배려, 여유, 포용, 느림과 휴식을 조화롭게 산다면 감사함이 내면을 길들여 주는 것 아닐까. 나 자신에게 묻는다. 왜 그리 바쁘게 사느냐고.

풀벌레도 몸을 쉬어가는 계절, 오늘도 집배원 아저씨의 한 말씀이 귓가에 맴돈다. 그래봐야 집안일인데 아무렴 우편물 배달하는 아저씨만큼 바쁠까.

참 부끄러워지는 하루다.

- 2013. 9

우정

마음 같아서는 보고 싶은 사람만 보고 살면 좋겠다. 그런데 어디 그런가.

20여 년 전, 문단의 입문으로 애 마르던 욕망의 시절에 만난 두 친구가 있다.

잠재력을 향상시키기 위한 노력은 연민의 높이에 이르고 있었다. 무지와 부끄러움에도 아랑곳없이 자신감 하나뿐이던 그 시절, 살림살이의 걸림돌을 비켜가면서 칼슘 보충제를 복용하듯 쓰기에 집중하며 '앞으로의 삶'에 발돋음 하던 시절은 존재의 확인일까. 두려움과 회한, 눈물과 분노, 떠올리고 싶지 않은 기억들까지도 욕망임을 잊을 수 있으랴.

두려움과 회한일수록 감사였다. 눈물과 분노일수록 보살핌과 애정이었다. 떠올리고 싶지 않은 기억들이 지금의 행복한 순간이니 실망과 안타까움이 없었던들 지금 이렇게 숨 쉬고, 얼굴 들고, 허리 곧추세우며 살 수 있었을까.

마음이 맑은 만큼 필력이 풋풋하던 그 시절이 추억되어 가슴으로 들어온다. 나에게는 그 때 만난 친구가 둘이 있다. 내 인생 오름길에서 만난 어엿한 친구다. 저 친구 혹시 힘들지 않을까, 저 친구 혹시 외롭지 않을까 하며 지켜봐 주던 친구들이다.

겨울 햇살 내리쬐고 겨울바람이 몰아 불던 1월. 세 문우는 정말 오랜만에 만났다. 얼마나 반가웠는지.

'그동안 어떻게 지냈어?'

같은 인사를 해도 작년 느낌 다르고 올해 느낌이 다르다. 세 사람은 주름살 아랑곳없이 활짝 웃는다. 살이 빠진 것 같기도 하고, 더 찐 것 같기도 하고, 훨씬 예뻐졌다고, 피부가 고와졌다며 칭찬을 주고받는다. 지긋한 친구들의 반듯한 안부가 맘껏 날아올라 햇살 속으로 사라진다. '이래서 오랜 친구를 만나면 행복하구나'하는 생각이다.

세 사람 만남의 장소. 김포공항 청사는 옛 그대로이다. 다만 지하철 9호선과 5호선이 연결돼 있고 공항답게 청사 넓은 곳에서 우리는 들뜬 여행객처럼 만난다.

인천에서 차를 몰고 온 황 선배와는 3년 만의 만남이다. 만년 소녀이다. 앳된 모습에 편안하고 여유만만 예뻐지기까지 했다. 동갑내기 윤정 선배도 여전하다. 그동안 서로의 안부를 몰라도 '열심히 잘 쓰고 잘 살고 있겠지.' 했다.

'동인(同人) 세 몸 되어 한 몸 같이 지내다가' '낙엽성(落葉聲)

찬 바람에 기러기 슬피 울제' 우리는 잠시 헤어졌다. '수필가 협회 북경 해외 세미나'에 참석했을 때 한 사람의 언행이 '지당에 비 뿌리니' 그 때에 '공(功)없이 매 맞는' 처지가 되었다. '저 개야, 공산 잠든 달을 짖어 무삼하리요'를 읊으며 각자의 일로 돌아갔다. '저 산 푸르기는 봄비와 같거늘' '보내고 그리는 정은' 우리의 만남을 막지 못했다. 노력하고 정진하는 모습도 다를 바 없었다.

자유로를 달려 황 선배는 파주로 안내했다. 파주에는 <타샤의 정원>이 있다. 입구에서부터 꽃과 소품 장식들이 눈길을 끈다. 먼 먼 페르시아에 온 듯한 기분, 황후가 된 느낌이라고 해야 할까. 멋스러움과 우아함에 시선을 멈추고 분위기에 스민다. 눈으로 보고 가슴으로 담아 가는 곳이라더니 이곳이 그랬다.

나는 토마토에 올리브 오일과 치즈를 얹은 야채식을 먼저 먹고 밥 대신 누룽지와 숭늉을 먹었다. 산뜻한 냄새, 담백한 맛이 식욕을 부추긴다. 맛깔스런 음식에 끌리는 동안 우리의 이야기도 무르익는다. 아이들 이야기며, 남편 얘기, 문우들 소식, 앞으로의 일들에 시간을 잊는다. 먼지처럼 보잘 것 없는 우리의 대화도 서로에게 지식을 나누는 시간이었다. 마음을 한결 아름답게 하는 식사였다.

'타샤'에서의 많은 이야기는 어느 성찬보다 값진 시간이었다. 우리는 왜 이곳까지 와서 20년 전 치열했던 모습을 돌아보는지,

동인활동 모임도 아니고, 혈연으로 이어진 사이도 아니고, 이렇게 떨어져 사는데……. 우리는 우리만의 추억을 느꼈고 그 때의 잡음과 오해들까지 충분히 이해할 수 있었다. 그 시절에도 오늘의 우리를 향해 초심처럼 변하지 않겠다고 말했던가. 내가 감기로 고생하던 날이어서 만남을 다음으로 미룰까했던 망설임은 사라졌다. 해가 저물어가는 하늘을 보며 아쉬움을 두고 헤어졌다.

꽃이 만발하는 5월쯤 다시 만나자는 약속을 한다. 헤어지는 아쉬움의 하루였지만 파주에서는 많은 선물을 받고 돌아왔다. 그리고 신의는 아름다웠다. 우리의 빛바래며 익어가는 우정도 강산과 풍월을 따라간다. 때로는 언니라 불러도 보고, 윤정씨라고 불러보며 행복해하던 오늘의 모습은 옛 시간을 깨워주었다.

집으로 돌아오는데 달이 떠올라 대지에 신선한 빛줄기를 내리쏟고 있다. 우주의 일부분이 되는 기분이다. 구름 저 편 차가운 달빛 속에서 두 얼굴이 나를 보며 미소 짓는다. 김포공항을 다시 찾는 일은 어렵지 않겠지. 오늘은 재수가 좋은 날이다. 뭐가 재수가 있다는 거야. 보고 싶은 사람 만나서 하루가 뿌듯했다는 거.

탐탐히 그리울 제, 손가락 하나만 움직여 '보고 싶어'라고 문자 보내면 될 테니까.

- <수필계> 2010년 가을호

세미원

좋은 날씨만큼 길도 좋다. 멀리 운길산이 팔당호에 제 얼굴을 비추고 강바람과 산바람의 만남이 선선한 곳에 세미원이 있다.

5만 여 평의 수변 정원이 한적한 생태 습지를 안고 옛 정원을 닮은 뜨락을 품고 있다. 우리나라 지도 모형의 연못이 첫 자리에 있고 나라를 동서남북으로 지키는 남이 장군, 강감찬 장군, 안중근 의사, 이순신 장군의 동상과 비문들이 든든하게 서 있다. 그들의 애국정신과 용맹한 기상이 시간의 역사를 넘나든다.

연꽃으로 가득한 연못을 지나면 시냇물이 이어지는데 물 흐르는 소리에 마음을 함께 씻는다. 휘도는 시냇물 따라 서 있는 굽은 소나무 아래에 어머니 석상이 눈에 들어온다. 365개의 장독을 거느리고 있다. 항아리들은 저마다 구멍이 뚫려있고 분수를 뿜는다. 한 평생을 어머니와 함께하는 상징의 장독대이다. 정원의 중앙에 서서 기도하는 어머니 모습은 희로애락의 표정이 잘 나타나 있다. 한강 저 편을 말없이 바라보는 모습이다.

두물머리에서 내려오는 물이 모여 연못이 되었고 연못가에 피어난 무지개 붓꽃들과 수선화가 추억과 만난다. 노랑 꽃창포, 할련화와 해바라기와 버들은 정겨움으로 인사한다. 손질이 잘 된 잔디 위의 원두막은 쉬어가라 한다. 구름다리 몇 개의 조화로움이 정원을 이채롭게 한다.

오솔길이 끝나는 곳과 시작하는 곳에 다른 큰 연못이 있다. 수련들이 기운차게 꽃을 피우고 있다. 둘레에 푯말에는 시가 쓰여 있다. 시를 만나면 그곳에 머문다.

「수련 별곡」은 김춘수의 시다.

바람이 분다.
그대는 또 가야 하리
그대를 데리고 가는 바람은
어느 땐가 다시 한 번
낙화하는 그대를
내 곁에 데리고 오리
그대, 이승에서
꼭 한 번 죽어야 한다면
감감함 머리는 뒤적이다
어디엔가 부딪치면
수련인가 하고 얼른 눈을 뜬다.

그 옆에는 「연꽃」을 노래한 오세영의 시가 있다.

불이 물속에서도 타 오를 수
있다는 것은
연꽃을 보면 안다
물로 타오르는 불은 차가운 불
불은 순간으로 살지만
물은 영원을 산다
사랑의 길이 어두워
누군가 육신을 태워
불 밝히려는 자 있거든
한 송이 연꽃을 보여 주거라

공감이 간다. 시를 읽고 나서 마음이 가벼워지는 맛, 포근해지는 듯, 내 정원에도 연꽃을 심고 키우고 싶다. 하루 만으로는 부족한 걷기다. 선선한 공기를 마시고 꽃을 보며 시를 읽는 이곳에 가끔은 오고 싶다.

땅과 물에서 자라나는 풀과 나무의 꽃 예쁜 것이 매우 많지만 진나라 도연명은 국화를 좋아하고 당나라 때부터 사람들은 모란을 좋아하였다. 그러나 나는 연꽃을 좋아하여 진흙 속에 나왔어도 때 묻지 아니하고 맑은 물에 씻기어도 여염하지 않고 속은 비어 있는데 겉모습 곧게 자란다. 넝쿨지어 뒤엉키지 않고 이리저리 가지 치지 아니하나 향기는 가득하여 더욱 맑고 우뚝 솟아 깨끗하게 서 있고 멀리서 바라보아도 좋고 가까이 근접하여 감히 희롱할 수가 없다. 감히 말하노니 "국화가 꽃 중에 은일자(隱逸者)이고, 모란이 꽃 중에 부귀자(富貴者)라면 연꽃은 모든 꽃 중에 군자(君子)인지라."라는 애연설(愛蓮說)'을 읽고 메모하는 것으로 내 몸은 이미 연꽃 바람에 감겨 있다.

시가 있는 길을 따라 시간이 멈춘 듯 어울리는 것들끼리, 어울리지 않는 것들은 또 다른 어울림으로 충분하다.

느리게 걷는 사람들과의 만남도 소중하다. 만삭의 아내와 함께 걷는 부부의 환한 미소를, 다정하게 팔짱을 끼고 이야기를 나누는 젊은 연인을 만난다. 휠체어 탄 할머니와 20대 여성은 조손간일까. 팔당호를 배경으로 사진을 찍고 할머니께 보여주며 재미있게 웃는다. 잔디밭에는 물병을 베개 삼아 누워 하늘을 보는 사람도 있다. 흰 구름 쳐다보며 마음속을 풀어놓는다. 원두막에는 아가를 뉘어 놓고 기저귀를 갈아 채운다.

정원을 거닐고 싶을 때 하루 쯤 쉬어간다면 '나도 양평에 근사한 별장 하나 갖고 있는 셈'이 아닌가. 드넓은 정원이 나에게도 있다는 넉넉한 마음이겠다.

세미원의 한적하고 고즈넉한 뜰이 다시 부르겠지.

- 2010. 5

두고 온 시간

돌아보면 10년은 참 긴 세월이다.

그럼에도 가끔씩 끄집어내어 회상하는 일은 '괜찮다'라는 말처럼 너그러움이 있는 곳에서 살고 싶어서다.

2003년, 마지막 달. 예정에 없던 건강 체크였다.

살면서 몇 번 안 오는 일을 겪는다. 초음파 검사 화면에 화살표 하나가 멈추었다. 의사가 고개를 갸우뚱 한다. 암 이라는 발음이 동굴처럼 오그라든다. 그 순간 가슴은 멍했고 하늘은 잿빛이었다. 곧 앞이 보이지 않는 소나기가 퍼부었다. 천둥이 이어졌다.

암이라는 불안과 공포가 두렵게 다가왔다. 왜 일까. 나에게 왜 이런 일이……. 하는 이유로 거슬러 올라간다.

일과 휴식을 제대로 구분 못한 채 심신이 지쳤구나, 정작 중요한 것을 놓치고 살았구나 하는 후회 비슷한 심정이다. 서둘렀다. 동네 병원에서 대학병원으로의 재검사, 암 진단, 놀라움, 입원결정, 암 수술, 그런 과정이 공포 자체였다. 수술 들어가기 전 날은 최고의 불안 상태, 병실에 누워 천장을 바라보는 전등 하나가 내 모습이었다. 유난히 차갑고 휑한 병실, 그 안에 외로운 사람이었다. 밤을 지세며 정말 외롭다는 생각을 했다. 사람은 이런 외로움 속에서 죽는구나를 느꼈다. 동이 트며 서서히 무서움으로부터 체념이 온다.

의기소침했던 반면 한편으로는 그래, 나는 병에 걸렸고 병은 의사가 고치면 되고, 의사도 고치지 못한다면 이참에 저 세상 더 좋은 곳으로 가면 된다. 무슨 자신감이었을까. 수술 받기 전의 환자 자세로는 꽤나 명랑한 사고였다. 처음 입원해보는 낯선 병원이지만 자신감이 있었고 최고의 의료진, 자상한 의사에게 내 몸을 맡긴다.

암이라고 다 죽겠어. 요즘 의술이 얼마나 발달했는데. 의술이 나를 살리지 못한다면 내 명(命)은 여기까지인 거야. 여전히 밝았고 단순했다.

다행히 수술과 치료과정을 잘 견디며 막막하던 생각이 조금씩 바뀌어 간다. 어느 날은 암에게 선택을 회유하기도 했다. 네가 나를 떠나든지, 내가 너를 떠나든지, 담판을 짓고 있었다. 살만큼 살았다는 생각이었다. 하지만 더 살려고, 어떻게든 살고 싶어 병원에 간 것 아닐까. 건강할 때는 그 가치를 알지 못했다. 심지어 '나도 병원에 입원 한 번 해 봤으면……. 환자 옷 한 번 입어봤으면…….' 하던 나였다.

암을 이겨 낸 10년은 내 인생의 전환점이었다. 최악의 환경과 최후의 생각 끝에서 일어설 수 있는 기회. 내 본연으로 돌아올 수 있는 시점, '아무렇지도 않은' 생활로 돌아오기까지 생기를 찾을 수 있었던 비결은 가족의 사랑이었다.

아이들은 엄마를 돕고 나를 위해 밥상도 차리고 서툰 설거지도 했다. 2개월 간의 방사선 치료 때 운전을 도맡았다. 내게 왔던 바닥을 아이들 사랑이 한 땀 한 땀 빈 자리를 채웠다.

수술 후 자국은 남아있다. 흉터는 뻣뻣하고 차가웠다. 그쯤의 흉터는 축복의 문신이다. 치료만 잘 받으면 나을 수 있다는 확신에 눈을 뜨면서 '오늘도 감사한다'는 말을 잊지 않는다.

암 떼어낸 자리에서 긍정의 꽃은 피어나고 그 꽃을 사랑하게 된 고마움이다. 어떤 위기가 와도 '겪어 봤거든, 아파 봤거든, 환자였거든'하는 꽃송이는 치유의 거름 밭에서 탐스럽게 피어난다. 정신의 건강은 몸의 병을 물리친다. 두고 온 시간을 딛고 당혹감도 여유로 바뀌었다.

새로운 꽃삽을 들고 새 씨앗을 뿌리기 시작했던 것 같다.

- 2013. 6

눈 내리는 초저녁

친구와 차를 마신다. 몸과 마음이 아늑해진다. 까칠한 얘기서부터 속 쓰린 아픈 이야기, 따뜻한 이야기를 터놓고 나니 다 이해할 수 있는 얘기들이다.

창밖엔 눈이 펄펄 내린다. 창밖을 내다보는 이유는 밖에 있는 사람들이 자신을 보아주기를 바라는 거라고 한다. 이해가 되는데 좀 그렇다.

목화송이 같은 눈을 안으며 집에 왔다. 아무도 밟지 않은 눈이 마치 '빛을 머금은 원석'같다. 아까움을 빗자루로 쓸어냈다. 쓸어내며 하얀 눈에 미안했다.

5층에 올라와 아래 세상을 내려다본다. 회색하늘 아래 맞은 편 '양재 시민의 숲'이 설국의 정원으로 변했다. 올 겨울은 더 눈부시다. 겨울의 맵싸한 깊이를 아는 걸까.

골목에 택시 하나가 누군가를 내리고 떠난다. 내린 사람은 미끄러질까 봐 조심히 걷는다. 걸음에 눈이 묻는다. 눈이 오면 어른은 조심스러워지고 불편하고 아이들은 신난다. 앞 건물 경비 아저씨가 위험스러운 걸음에 그 사람을 빤히 바라본다. 초저녁 눈길은 결코 평화롭지 않다.

오후 내내 이야기 나눈 그 친구의 전화다. 눈보라 속에 양재천을 걸으면 낭만이 아닐까. 저녁 시간을 다시 부르는 친구는 시상(詩想)을 떠올리게도 한다. 쓸쓸하고 막막한 중에도 시상을 띄워주는 친구를 두 번 만나는 것도 괜찮을 것 같다.

그래 나가자. 넘어지든지, 미끄러지든지 괜찮다. 나이가 들어도 안 무섭다. 고즈넉한 산사 같은 한겨울을 느끼며 눈길을 걷기에 좋은 시간이다.

내리는 눈은 가로등 불빛에 보석같이 빛난다. 눈이 이렇게 퍼붓는데 가만히 있을 수 없지……. 전화는 짧고 덤덤한데 여운은 깊고 따스하다.

속눈썹 위로 눈송이가 내려앉는다. 눈썹위로 내려앉는 허물일지라도 가까워서 보지 못했다고는 하지 말아야지. 눈(雪)이라는 존재는 언제나 나를 먹먹하게 한다.

우리는 우리의 겨울을 산다.

- 2013. 1

백담사에서 해인사로

어깨에 멘 가방 하나로 떠난 백담사.

입구에서부터 걸어서 두어 시간이라는데 걸어서 가는 사람들도 있다. 나는 작은 버스에 실려 절 입구에 내렸다. 긴 돌다리를 건너니 절 마당이다. 오른 편에 만해기념관이 있는데 우선 부처님께 삼배 올리려 대웅전부터 들린다. 산 기운이 다르다.

뜰아래 내려선다. 첫 걸음에서 화엄실을 만난다. '전두환 전 대통령이 머물던 곳'이라는 표지판이 문 위에 붙어 있다. 푸른 이불, 노랑 요, 흰 베개 두 개가 비닐봉지에 싸여 전시되어 있다. 순간의 부귀영화, 귀양고독의 양면가치를 상징하고 있는 듯하다. 방은 좁고 한 역사의 공간을 품고 있었던지, 냉엄과 고적의 아득함에서 전씨 내외는 마음 둘 곳 찾던 곳 아니었을까. 갖가지 몽상의 촛불을 사르었으리라 짐작해본다. 구름처럼 흐르기나 할 걸 괜한 생각에 매였나 싶기도 하다.

절 마당 끝자락에 몇 안 되는 통나무의자에 앉아 잠시 몸을 쉰다. 깊은 계곡의 물소리, 쪽빛 하늘, 풍경 소리, 산바람조차 서늘하다. 사찰 마당을 에두른 계곡에서 돌탑을 쌓는 사람이 정겹다. 마치 혼자서 말하는 독백처럼 남녀가 정성스레 돌을 쌓는다. 거의 다 쌓았는데 우르르 무너진다. 돌탑이 만든 운명 속에 내 운명이 얼비치는 듯한 착각이다.

하늘을 본다. 청잣빛 하늘에 빨강색 줄무늬 헬기 한 대가 낮게 지나간다. 로프에 짐 한 덩어리 매달고 느리게 날아간다. 대청봉에 겨울 채비를 하나 보다. 하늘자락에 걸쳐 놓은 염원을 본다. 백번을 와도 담담한 백담사? 만해 한용운이 대청봉에서 이곳까지 도를 깨우치며 내려오는 동안 백 개의 소(潭)가 있어 붙여진 이름이라 한다. 지금은 사람 많지 않은 이곳에 내가 너무 늦게 찾아 왔다는 생각이다.

사찰에 뜰을 끼고 도는 걸음마다에 시가 함께 한다. 오세영의 '강물' 이 고은의 시비를 안고 속 깊은 법어를 연상시킨다. 한용운의 시가 바람결에 실려 온다. '아, 사랑하는 나의 님은 갔습니다.' '알 수 없어요' 등의 명시는 백담사에 잘 어울린다. 물소리와 함께 들을 수 있어 감동이다. 그의 유품과 친필 원고가 전시 되어 있는 만해 기념관을 둘러본다. 기념관 안에서는 "이제 분노도 미움도 다 사라지고 고마운 마음만 남았습니다." 등의 숙연한 방송이 흐른다. 님이 겪은 시대의 아픔이 전시된 것뿐 아니라 닿을 수 없는 그 님의 향기, 정취에 스며드는 시간이다. 한용운의 깨우침이 도량에 머문 곳 보다는 전두환 전 대통령의 은신처로 더 유명해진 백담사를 산보하는 건 아닌지. 아무렴 어떠하리, 내 발자취만 물과 구름 사이에 남길 것을. 시야가 잿빛으로 어두워진다.

어둠을 가르며 해인사로 향했다. 밤길을 달려 대구에 도착. 하룻밤을 머문다. 어스름 불빛, 80년대 그대로의 TV, 창밖에 웅성거리는 야시장의 소음이 터미널임을 말해 준다. 지방 도시의 밤 풍경을 다정하게 바라보는 여유다.

푹 자고 나니 새벽길이 거뜬하다. 고려대장경을 만나러 가는 길은 차가운 바람으로 휑하게 뚫린다. 해인사의 일주문을 지나간 시간이 아침 8시. 첫 햇살 받은 단풍 빛은 천하일색이다. 산색이 고운 4km의 굽이 길과 홍류동 계곡을 지나오며 이곳이 정말 우리 땅인가 했다. 붉어서 홍류동이라 했다는데 붉고 노랗고 파랗고 갈색의 총천연색 계곡이다. 계절의 끝자락, 찬란한 빛깔로 가을을 노래하는 가야산에 푹 빠진다. '누가 이런 여정을 준비해 준 걸까.'

대장경이 보관된 '수다라장'은 좁은 빗살창 틈으로 언뜻언뜻 보이는 목판을 간직한 채 당분간 관람이 폐지될 예정이라 한다. '문화유산 답사기'에서 본 대장경의 안내나 다큐를 시청하지 않았다면 아름답다거나 신비롭다 했을까. 어느 시골 어르신의 표현대로 '빨래판'에 불과했을 것이다. 알고 보는 것과 모르고 보는 것은 그만큼의 차이가 있다.

자랑스러운 유산으로 숨 쉬는 해인사는 걸어서 오르는 숲길의 나무 내음, 이슬 맞은 낙엽냄새에 아침밥 먹는 시간마저 놓쳤다. 비록 오늘 불도의 깊이는 헤아리지 못했지만 눈이 닿는 곳 어디든 감탄이고 따스했다. 불경 가득한 가야산에 나도 일부가 된다. 아름다운 산천이다.

사찰여행으로 마음의 위로를 얻을 수 있었던 시간에 감사한다. '시간이란 기다리는 사람들에겐 너무 느리고, 걱정하는 사람들에겐 너무 빠르고, 슬퍼하는 사람들에겐 너무 길고, 기뻐하는 사람들에겐 너무 짧으며, 사랑하는 사람들에겐 영원하다'라는 미국의 성직자 헨리 반 다이크의 말을 떠올린다.

가끔은 그리워 질 백담사와 해인사.

- 2011. 11

은밀하게

안개 짙은 겨울 날, 오래 전의 소년, 추억에서조차 지워진 이름이니 생경할 뿐인데 추억의 한 모퉁이에서 돌아 나온다.

붕어빵집에서 시작된 일이다. 붕어빵의 틀을 돌리고 반죽을 붓고 팥 앙금을 떠 넣는 아저씨의 모습이 신기했다. 붕어빵 틀을 돌리는 철사 고리로 팥 앙금을 떼어 넣고 뚜껑을 덮고 한 바퀴 빵틀을 돌리는 모습. 다 익은 붕어빵을 꺼내고 다시 반죽을 붓고 반복하는 아저씨의 행동은 요즘 말로 '달인'이다. 그런 광경에 넋이 빠져 이 다음에 붕어빵 장사를 해 보겠다고 했다.

붕어빵을 굽는 가게는 판자로 만든 가건물이었다. 나무 탁자와 의자에 앉은 손님들이 추운 날씨에 바람을 피해 잠시나마 붕어빵 하나를 먹으며 몸을 쉴 수 있는 공간이다. 난로 위에는 주둥이에서 더운 김이 새어나오는 찌그러진 주전자가 있어 더욱 따스하다. 사람들은 붕어빵을 한 입 베어 물고는 후후 불며 뜨거움을 식히며 맛있게들 먹는다. 나도 자주 들리는 곳이 되었다.

어느 화창한 날, 모르는 남학생이 미소를 머금고 붕어빵 집을 들어선다. 슬며시 얼굴을 보았다. 순간 가슴이 콩닥거린다. 내가 보았던 남학생 중에 그렇게 잘 생길 수가 없었다. 갑자기 숨이 멎는 것 같다.

며칠 후 똑같은 장면이 재연되었다. 소년은 '맛있게 먹었습니다'하고 나가면서 슬쩍 쪽지를 건넨다. 한 번 만나자는 쪽지다. 다시 가슴이 뛴다.

얼마 지났을까. 약속 장소에서 기다리는데 저 만큼에서 소년이 보인다. 그러나 혼자가 아니다. 실망이다 하는 순간 친구들과 헤어져 혼자 이리로 오고 있다. 교복 입은 매무새가 단정하다. 깔끔한 차림이다.

"기다렸어요?"

"아니요, 방금 왔어요." 기다렸지만 그렇게 말을 했다. 막상 만나니 갈 곳도 없고, 뭔가 말을 하려했으나 무슨 말을 할지 몰라 망설였다. 우린 그냥 걸었다. 소년이 먼저 말을 걸었다. 빵 굽는 곳이 집이냐고 웃으며 묻는다. 웃는 모습이 너무도 멋지다. 뭐라 표현하기가 쉽지 않았다.

"아니요, 원래 빵을 좋아해서 자주 들리는 편이예요."라고 했다. 남학생들과 어울림이 없던 나로서는 소년에 대한 연모의 정이 싹트고 있어선지 새삼 가슴은 뛰고 머리까지 혼란스럽다. 기대와 설레임으로 붕어빵을 함께 먹었다. 자연스런 만남의 장소가 되었다. 어느 날 붕어빵을 먹으며 "야, 참말로 맛있다, 우리 나중에 둘이 함께 살면 붕어빵은 실컷 사줄게."하고 웃었다. 도담도담 다정한 말도 주고받는다. 주인아저씨도 소년을 보고 너무 잘 생겼다고 하며 '친하게 잘 지내거라'한다. 껄껄거리며 덕담을 건네기도 했다. 친구와 왔으니 한 턱 낸다하며 붕어빵을 듬뿍 주기도 했다.

어느 날 부터인가 그의 모습을 볼 수가 없다. 전화를 해도 연락이 안 되고 속이 다 타 버리는 것만 같았다. 항상 환한 웃음을 안고 나에게 다가오던 그 소년. 그가 없는 나는 아무 것도 할 수 없었다. 시들해지고 의욕이 없다. 누구에게도 말 못하고 오직 붕어빵 아저씨만 나를 위로할 뿐이다. "이 아가씨야, 무슨 사성이 있겠지, 그 학생도 너를 무척이나 좋아했잖아. 그러니 좀 기다려 봐라." 아저씨의 위안의 말이 한 마디도 들리지 않는다.

여름이 다 가고 늦은 가을로 접어들 무렵인가. 힘없이 집에 들어서는데 책상위에 편지 한 통이 놓여있다. 봉투에는 보낸 이가 없다. 그러나 직감으로 그가 보낸 편지임을 알았다. 첫 마디에 '보고 싶었다'로 시작되었다. 즐거움을 함께 했던 이야기며 기다리지 말라는 말과 잘 지내라는 인사가 전부였다. 그러나 나는 답장을 보낼 수가 없다. 오직 그에게로부터 연락이 오기만을 기다려야했다. 너무나 지루한 하루하루였다.

다행히 간간이 편지가 왔다. 편지 속에는 추억으로 간직했던 선물들이 소포로 되돌아오기 시작했다. 편지가 오기 시작한 날로부터 6, 7개월이 지난 어느 날 그의 어머니라고 하며 연락이 왔다. 한 번 만나자고 했다. 황망히 '예'라고 대답하고 약속 장소로 나갔다. 그의 어머니가 약속 장소에 먼저 나와 있었다. 인사를 하고 그의 안부를 물었다. 그의 어머니도 슬픈 모습이었지만 내색을 하지 않으려 애쓰는 것 같았다. 나를 반겨주기는 하나 쓸쓸한 웃음이 이상했다.

"우리 아이한테서 얘기 많이 들었어요. 서로 잘 지냈다면서 착하고 뭐든지 잘 해준다고 자랑했어요." 그의 어머니는 한 번 우리 아이를 만나 줄 수 있겠느냐고 한다. 그리고 그의 근황을 나에게 말해 준다. 병명은 확실히 모른단다. 그러나 무척 힘든 고통 속에서 진통제로 하루하루를 살아간단다. 그러한 아들을 위해 어머니가 대신 나를 만나자고 한 것이다. 나는 어떻게 모습이 변했든지 만나겠다고 하며 만나게 해 줄 것을 부탁했다. 그의 어머니는 다시 연락을 하겠다며 헤어졌다.

연락이 왔다. 만날 장소는 누구에게도 자신의 모습을 보여 줄 수 없으니 산에서 만나자고 했다. 약속 장소에 나가니 소년은 얼굴을 들지 않은 채 모자를 푹 눌러쓰고 땅만 쳐다본다. 얼굴을 들어보라고 해도 들지 못하고 눈물을 흘리는 듯하다. 간혹 울음소리만 들린다. 다가서지도 못하게 한다. 한동안 울고 나더니 처음으로 말을 건넨다. "우리 이제 이것이 마지막이야. 병원에서도 내 병을 고치지 못한대. 그래서 마지막으로 한 번 보고 싶어 어머니에게 부탁한 거야. 이렇게 만나주어 정말 고마워. 날마다 네 모습을 보고 싶었어."라고 한다.

나는 무엇을 어찌해야 할지 몰라 그냥 '나을 거야' 할 뿐이었다. 나도 눈물만 흘렸던 것 같다. 얼마간 지나 다소 진정이 된 뒤 양지 바른 언덕에 앉아 둘이는 바다에서 불어오는 세찬 바람을 맞으며 지난 이야기를 하며 빨리 병이 완쾌되어 다시 재미있게 지내자며 시간을 보냈다. 무척이나 피로해 보였다. 걱정이 되었다. 내가 바래다준다고 했는데 집에서 데리러 온다고 하며 산 아래까지만 데려다 달라고 한다. 그를 데리러 온 차가 있어 그 차로 떠났다. 보내고 나는 혼자서 섧었다.

얼마 후에 그에게서 편지가 왔다. '만나서 즐거웠다'고 '고마웠다'고 하는 내용이었으며 '다시는 못 볼 것 같다'며 '병에 걸리지 말고 건강하라'는 글이었다.

편지를 받고 한 달이 지났을 무렵 기다리던 편지가 왔다. 내용은 간단했다. 그의 어머니가 보낸 편지였다.

내 아들은 갔어. 아들이 갈 때 내 손을 잡고 그 사람에게 연락하지 말라고 했단다. 죽기 전에 모든 사람들이 보기 흉하다고 외면하는데 그래도 그녀는 자기를 만나주었다며 그렇게 고맙다고, 좋은 사람이었다고, 죽어도 가슴 속에 품고 있을 거라 했단다. 기다릴 것 같아 이제는 내 아들의 모든 것을 잊어버리라고, 아들도 모든 것을 다 털어버리고 간다고 행복해하였다는 말을 전하며 '나에게 고맙다는 말을 전하고 싶다'는 편지였다.

그의 장례에 대해서는 한 마디 말이 없었다. 지금 생각으로는 한 줌의 재로 변해버린 그를 산자락 바람결 어딘가에 잠들게 했으리라.

바람결에 흩날리는 낙엽이 다시 한 줌의 가루가 되어 날리는 것을 바라봐야 하는 계절이 오면 나도 한 줌의 재로 변하여 알 수 없는 곳에 뿌려지겠지 하는 허무함을 외면할 수 없다. 때로는 사무치게, 쓸쓸하게 기억되는 추억이 석양에 물든다.

나 홀로의 시간이 과거를 자극한다.

새 삶을 유지하려면

창은 연다.

바람이 불어온다, 바람에 묻어오는 물기는 제법 굵은 비로 변해간다.

빗줄기 사이로 자꾸만 다가오는 친구의 젖은 모습을 지우고 싶다. 먼데서 번개도 친다. 긴 뇌성이 운다.

운명이라는 것이 날을 세우고 친구에게 다가온 것은 20여년을 평온하게 살아온 친구의 생일이었다. 저만치 먼발치에 드리운 삶과 이혼, 그녀는 자신의 생일날 이혼을 했고 그간의 기나긴 사연과 자신을 묶고 있었던 동아줄에서 풀려나고 있었다.

사는 게 곤곤한 요즘, 폐인처럼 술로 시간을 보내고 며칠씩 영락없이 집에 들어오지 않아 걱정하게 하던 남편, 술에 취하는 날은 영락없이 고래고래 욕을 퍼붓는다. 정부가 어떻고, 재벌이 어떻고, 모두가 미친놈이고.. 술과 자기 성질을 자제하지 못하고 욕설과 폭행을 일삼는 남편에게 줄곧 시달려왔다. 거기에다 회사의 여직원과 사랑 놀음에 빠졌다. 그 사실을 안 뒤 친구는 죽고 싶다고 했다. 그 엄청난 행각을 용서할 수 없다고 했다. 남편의 갖가지 염치들이 너무도 미웠다. 미운 정도가 아니라 구역질이 난다고 한다.

친구의 목소리와 얼굴에서 한기가 스며온다. 그럴 수밖에 없을 것 같다. 얼마나 다정했던 부부였던가. 끈적끈적한 올 여름은 그 친구에게는 가위에 짓눌린 고문이었다. 한 남자가 한 여자의 가슴 속에 사랑의 그림으로 자란 나무로 자라고 있을 때 이를 도려내는 일이 그렇게 어려운 일인지는 미처 몰랐다.

사랑하는 사이, 그러나 어느 날 갑자기 미친 놈. 나쁜 놈, 바보 같은 놈이라고 퍼붓는 친구의 모습은 어디를 향해 걸어간다는 모습이라기보다는 차라리 땅 속으로 서서히 함몰되어가고 있는 모습이었다. 결국 슬픈 발자국으로 법원에 서서 무릎을 구부렸다. 운명은 그들에게 무엇을 선물했던가.

최소한의 이혼만은 말리고 싶었지만 이혼을 말리기엔 어려움이 많다. 제각각 복잡한 사연은 물론 판단의 기준이 다르기 때문이다.

얼마 전 가정법원은 친정에서 빌린 돈으로 수차례 사업에 실패해 생활비도 제대로 벌어오지 못했다며 남편을 상대로 낸 부인의 이혼청구소송을 기각했다. '돈을 못 벌어도 남편은 남편이요, 사랑으로 극복해야 한다'며 남편의 무능만으로 이혼사유가 된다면 온전한 가정이 없을 것이라는 취지다. '가정을 지키자'는 판결이 무언가를 생각게 한다.

그 후 며칠 뒤 신문에는 '황혼 이혼'의 기사가 또 실렸다. 50년을 함께 산 부부가 남편의 폭력, 지나친 간섭으로 도저히 더 이상 함께 살 수 없다며 소송을 냈는데 법원은 '이제라도 이혼하라'는 판결을 내렸다.

부부의 헤어짐에 법원의 결정이 무엇일까, 더 이상의 무슨 의미인가. 채권 정리하듯 인간 정리를 법적으로 하는 군상들.

혼자 걷는 세상이 힘겨워 나를 찾았던 친구, 하늘이 울고 있던 날, 속내 다 열고 울었던 어제의 친구를 생각한다.

결혼과 이혼 - 너무도 흔하고 추상적인 말이 아니던가. 그러면서도 변함없이 우리를 찾아오는 사계절 같은 지도 모른다. 사람 사는 일보다 사람 사랑하는 일이 더 어렵다는 생각에 젖은 생각 보송보송하게 말리고 싶다.

참고 기다리고 섣부른 욕망들을 이겨냄으로 얻어질 수 있는 부부간의 사랑의 힘은 어디에서 오는 힘일까. 믿음과 사랑을 키우며 남은 인생을 살 수만 있다면 얼마나 다행인가.

이제 더는 비와 바람에 여위고 깎이는 돌조각이 아니었으면 한다. 가시와 추함을 더 이상 지니지 말고 어여쁜 사연만 담아 행복하기에도 모자라는 시간만이 주어진다면 더욱 좋겠다.

수신제가(修身齊家)도 못하는 소인(小人)들의 세상인가.

익지서(益智書)의 여유사덕(女有四德)이 무너지게 하는 것이 남편 탓인지, 아내 탓인지 아니면 서로의 반반인지 혼돈의 사회 속에서 군자(君子)의 모습이 그리워진다.

인간은 저마다 아름다운 삶을 조각하려는 생의 예술가 아닌가.

나희자 수필집

마음 하나

초판인쇄일 2013년 11월 08일
초판발행일 2013년 11월 12일

지은이 : 나희자
발행인 : 김순진
편집장 : 전하라
디자인 : 김초롱
펴낸곳 : 문학공원
등 록 : 2004년 3월 9일 제6-706호
주 소 : (우편번호 130-814)서울 동대문구 난계로 26길 17호
삼우빌딩 C동 302호 스토리문학사
전 화 : 02-2234-1666
팩 스 : 02-2236-1666
홈페이지 : http://cafedaumnet/yob51
이메일 : 4615562@hanmailnet

※ 책값은 뒤표지에 있습니다.